JEAN-PIERRE CROUZIL

Photographies : Alain Gelberger
Stylisme : Catherine Bouillot

# Les meilleures recettes de SAINT-JACQUES

Éditions
de La Martinière

# Préface

**Reine des mers**

Symbole religieux depuis des siècles, reine des fonds marins et de ses coquillages, la coquille Saint-Jacques est le fruit de mer par excellence.
Elle incarne la fête, elle règne sur la table des grands jours.
Elle participe à tous les moments sacrés comme les baptêmes, les communions ou les mariages.
À travers le monde, chaque région se l'approprie, la revendique.
Plus de dix-huit espèces ont été recensées, avec autant de formes, de couleurs, de grosseurs et de saveurs.
Tous les cuisiniers du monde l'ont apprivoisée dans le secret de leur cuisine. L'art de l'accommoder est sans cesse renouvelé, car elle s'adapte à tout.
Je vous propose de découvrir dans les pages qui suivent mes préparations préférées, sorties de mon imagination et de mes fourneaux : plus d'une centaine de recettes que je vous livre en détail afin que vous puissiez anoblir vos repas de fête.
Ne soyez pas en reste d'imagination et n'hésitez pas à interpréter à votre manière ce répertoire qui ne cesse de s'élargir. Pour ma part, m'étant mis au service de cette reine, je l'ai accommodée à ma façon et vous ai livré la marche à suivre !
Bon appétit !

Jean-Pierre Crouzil

# Sommaire

MCF

# Jean-Pierre Crouzil,

## toute une vie pour la cuisine créative

Il est presque 9 heures du matin, ce samedi ensoleillé de printemps, quand Jean-Pierre Crouzil en veste blanche de chef patron décharge de sa berline les 5 kg de homards à la chair translucide, les 7 kg d'araignées mâles, les grosses langoustes frétillantes et les fins légumes, salades fraîches, oignons grelots et feuilles de basilic élevés sous serres comme des joyaux qui vont enrichir les menus et plats étoilés du week-end à L'Écrin de Plancoët (2 500 habitants, 26 km de Saint-Malo), rendez-vous des gourmets des Côtes-d'Armor.

Breton très attaché à la terre et la mer nourricières où François René de Chateaubriand a passé les premières années de son existence, l'actif Crouzil a consacré son énergie, sa créativité, tout son talent de maître cuisinier à cet hôtel-restaurant d'angle, à la guillerette façade bleue et blanche qui abrite sept chambres confortables.

Voilà 35 ans qu'il nourrit les gourmets de Saint-Malo, Rennes, Saint-Brieuc, Dinan, Dinard, les voyageurs au palais délicat et les résidents de Jersey et Guernesey, au sein de ces côtes bénies pour ichtyophages, croqueurs d'huîtres, crustacés et poissons blancs. Ici règnent dans l'assiette les trésors des mers à la chair iodée, si bienfaisante pour l'esprit et le corps. On vient pour l'éventail des assiettes marines – le meilleur de la Bretagne gourmande – apprêtées avec habileté, savoir-faire, sens du bon et du beau. Ici on régale les mangeurs, certains venus de très loin et qui repartiront heureux.

La vie de Jean-Pierre Crouzil est un roman digne du Raboliot de Maurice Genevoix, un hymne à la vie à la campagne et à la liberté. Son père est un paysan laboureur dans les champs de Maure-de-Bretagne, sa mère, Jeanne, est la providence des gens du village. Dans la ferme, elle sait tout faire, tuer le cochon, dépecer lapins et lièvres, mouler les fromages de chèvre, mitonner les menus des noces et banquets, véritable vestale des fourneaux.

Et ce n'est pas tout. La Jeanne repère les filles enceintes, procède aux accouchements, toilette les morts – personne ne veut toucher aux défunts –, joue les infirmières, fait les piqûres ordonnées par le médecin, bref Jeanne accompagne de la naissance au dernier

souffle les familles de paysans du pays du *Cheval d'orgueil* ; c'est la bonne mère, la confesseuse, la fée du logis dans le monde clos de Pierre Jakez Hélias.
À 12 ans, le gamin Jean-Pierre suit sa mère dans ses pérégrinations et multiples tâches si bien qu'il apprend à piquer fesses et cuisses... L'école, ce n'est pas son fort au fiston. Il est de nature rebelle, un brin révolté par le système éducatif et « la prison » du lycée. L'air de la campagne lui a insufflé l'ardent goût de la liberté. Les prés et les champs forment son terrain de chasse aux perdreaux, aux lapins, aux lièvres ; à l'aide d'un fil à tricoter de sa mère, il capture des pigeons dodus dans les arbres et il attrape des vipères à la main dont il revend le venin au pharmacien du coin (6 francs le serpent). Vous voulez des œufs de faisane ? Des merles pour un pâté ? Des baies rouges pour une tarte ? Vif et rapide, Jean-Pierre est un débrouillard, un Robin des Bois qui sait, en culottes courtes, faire commerce de ses trouvailles. Et chez sa mère qui veille sur le four à charbon, il s'initie aux fumets et préparations de saison. Tous les jours, la gamelle embaume la maison. Il a faim, l'ado.
« C'est l'abondance chez les Crouzil, raconte Colette, l'épouse adorée, qui se souvient de la profusion des nourritures, du raffinement des préparations de viandes, de ragoûts, de légumes. La table est le centre de la vie, le lieu de tous les plaisirs. C'est là que Jean-Pierre a été initié aux sortilèges de la bonne chère, chez ses parents. »
Il a 15 ans. Le lycée de Redon ne veut plus de lui. Que faire ? Il songe à devenir mousse, fasciné par les uniformes des officiers de marine. Comme il a dépecé des cochons, roulé le boudin et tassé le saucisson, il se verrait bien boucher. Un matin, sa mère l'entraîne dans Rennes faire le tour des boucheries-charcuteries de la ville : pas de poste d'arpète. Il s'agit de le placer. En face de la gare, un café-bar-restaurant où il est engagé, le 3 juillet 1963. Apprentissage d'esclave dans un gourbi, pas un seul jour de congé. L'après-midi, il apprend la charcuterie et la nuit la boulange car déjà le commis Crouzil en veut.
Il a compris que le travail le sortirait de la mouise et qu'un jour il roulerait en Mercedes – si Dieu le veut.
Et il est doué, le bougre. C'est un manuel, un habile de ses doigts qui a fait de la gravure sur bois, il est adroit, observateur, curieux. En 1963, il intègre la brigade de l'hôtel Armor et il est reçu premier du département d'Ille-et-Vilaine au CAP de cuisine, il a 15 ans. Ses parents n'en reviennent pas.
Puis il entre pour deux saisons en qualité de commis à l'hôtel des Ajoncs d'Or aux Sables-d'Or-les-Pins ; l'hiver, il s'échine à La Chope à Rennes. C'est en 1967 qu'il rencontre la jolie Colette qui s'active en salle aux Ajoncs d'Or. Puis c'est le Relais d'Alsace à Rennes et le service national chez les sapeurs-pompiers de Paris où le général aux épaules galonnées vient savourer les menus stylés du cuistot Crouzil, le seul de la

brigade des toqués à savoir cuire bien et assaisonner juste ; il est devenu un « pro » des casseroles. Les bases de sa vie de cuisinier sont établies. « Ma voie était tracée. Je ne pouvais rebrousser chemin. »
Très loin de ses racines armoricaines, c'est à Chamonix, à l'hôtel Igloo, qu'il se frotte aux sévères contraintes du métier. Là, dans cet hôtel chic, il est l'homme-orchestre chargé du marché, des achats, des menus et d'envoyer les plats. « Il n'y a que la caisse qui ne me concernait pas. »
Au cœur de l'hiver, René Lasserre, le fameux restaurateur « trois étoiles », coule des vacances neigeuses et apporte au Breton en cuisine œufs de saumon, caviars et champagnes de grande maison. De beaux plats à concevoir pour un seigneur de la haute restauration.
Le 24 octobre 1970, il épouse Colette, l'amour de sa vie. Ils auront trois enfants Marie-José née en 1972, Maxime en 1974, Mary-Jane en 1985. Une famille unie autour du père, architecte de son rêve culinaire : L'Écrin de Plancoët.
Oui, une aventure humaine hors-normes : ce fils de laboureur breton, émigré des hauteurs de Chamonix, va se retrouver propriétaire de l'hôtel de la Gare sis à Plancoët, acquis en quelques heures grâce à un tuyau local – c'est le tournant de sa vie : d'employé, il devient patron responsable.
C'est peu dire que le Breton s'est jeté sur ce bar PMU-Taxi-Restaurant : le matin de son arrivée à Plancoët, il tombe sur le notaire au café du village et tous deux s'entendent sur le prix. Le compromis de vente est signé en deux heures. C'est un coup de cœur.
Dans la nuit, il retourne à Chamonix, se glisse dans le lit conjugal et souffle à Colette : « J'ai acheté un restaurant à Plancoët. – Tu es fou, tais-toi et dors. » Pourtant leur destin est tracé : tous deux seront restaurateurs dans les Côtes-d'Armor.
Le hasard fait bien les choses : André Leforestier, le père de Colette, est un redoutable mareyeur. La mer et ses trésors des abers, des fonds et des roches n'a pas de secrets pour lui. Grosses langoustines, bars aux écailles brillantes, turbots épais, rougets – des côtes et non de la grande bleue –, soles des sables, coquilles Saint-Jacques d'Erquy, homards bleus à la chair incomparable, André et Jean-Pierre s'offrent de singulières sorties en mer pour de somptueux filets. « À l'époque, la criée n'existait pas. On pêchait ce que l'on voulait et l'on vendait ce que l'on avait prélevé, se souvient Colette, jeune épousée de 20 ans. C'est mon père qui a initié Jean-Pierre aux mystères des marées, de la faune sous-marine, à la saisonnalité des pêches. »
Aucun doute, le Bistrot de la Gare de Plancoët, connu pour son eau minérale si pure, n'est pas un cadeau pour un cuisinier qui a sa gestuelle au bout des doigts. Un piège ? Ici, la restauration midi et soir n'est qu'accessoire et vient après la vente des tickets de

PMU, des tickets d'autocar, du pastis (quatre bouteilles par jour) et de la remise des colis, vélos, journaux et tout le toutim. Seuls moments où Jean-Pierre et Colette ont tout loisir d'exercer leur métier : les noces et banquets, les mariages, les baptêmes et les repas des comices agricoles. Cette charge de traiteur ambulant sera le tremplin du couple. Disons-le, Plancoët, traversé par l'Arguenon, la rivière blanche à l'écume mystérieuse, c'est un arrêt-buffet isolé dans la campagne des Côtes-d'Armor, un village enfoui dans ses traditions, dans son histoire, loin du progrès et de l'ouverture au monde. On vous le disait : les grossesses des filles et des mères, c'est Jeanne qui les diagnostique et la ribaude, ça existe bien. Tout pour la gueule !

Ces agapes rituelles vont être la préoccupation, l'obsession hebdomadaires des Crouzil pendant une petite dizaine d'années. Un bail.

Le 1er mai 1971, le chef Crouzil nourrit 80 noceurs de colin à la parisienne, de noix de veau printanière, de fromages et de mille-feuilles (28 francs par personne, 7 francs le lunch du soir). Le 15 mai, il peut viser plus haut (45 francs par tête) avec du champagne, des filets de sole dieppoise, du jambon braisé, du gigot d'agneau, des fromages, de la salade et de la tarte aux fraises – on boit du muscadet, du châteaubriant-du-pape, du café et du cognac. « C'est qu'ils ont faim les gens à l'époque. » Après minuit, on danse et les pensionnaires de l'hôtel descendent en pyjama pour une valse à mille temps !

Très demandé pour ces fêtes de la gueule, Crouzil multiplie ses prestations – jusqu'à 800 couverts !

Il prend et fait tout – jusqu'aux centaines de sandwiches, baguettes découpées sur les capots de voiture. Le mieux pour le tiroir-caisse : les repas d'éleveurs de porcs qui ne sont jamais rassasiés. Le plus raffiné : le mariage de la fille du présentateur Jean-Claude Bourret – inoubliable pour Jean-Pierre Crouzil.

Il achète les poules par 120 (un franc pièce) et bien vivantes. Il les utilise jusqu'aux os : les blancs pour les menus de luxe, les cuisses pour le coq au vin, le bouillon pour la soupe, la chair de la carcasse pour les bouchées à la reine.

Le dimanche, les parieurs font la queue pour faire poinçonner – à la main – leur ticket et il faut les pousser dehors à 13 heures pour que les clients puissent s'attabler. Au dîner, personne : c'est le désert breton. Le samedi soir, phénoménale avancée, Crouzil propose le couscous à l'agneau. Un succès exotique. Extraites d'une énorme bassine fumante, la viande et la semoule font sortir les gens de chez eux et, à l'heure du crépuscule, une file de clients piétine devant le bistrot et repart, les narines baignées de fumet… Nostalgie des plats de là-bas…

Ainsi s'est tissée l'existence du cuisinier du village dans ce site étrange où la terre et la mer sont sœurs. Les menus sont à 5,50 francs (deux plats), 10 francs (trois plats) dont des plateaux de fruits de mer, des langoustines (en saison), des maquereaux, des oursins, des crabes, des Saint-Jacques présentées dans leur coquille – que l'on choisit quand on ne peut pas s'offrir du homard.

À la fin des années 1970, il évacue le PMU, les noces et banquets, tout ce qui pourrait perturber sa mission culinaire, le rythme des repas et le confort des clients qui ont déniché l'adresse par le biais des réceptions et gueuletons. Plancoët a un sacré bon chef ! Le solfège de base, les fondements de son artisanat, les cartes à établir selon la saison, Crouzil connaît ; en 1984, quand il fait l'acquisition des murs de l'hôtel (vingt chambres réduites à sept), il a 20 ans de métier. Nicole Seitz, la public-relation de Grand-Marnier lui a offert en cadeau une encyclopédie culinaire qu'il lit avec passion ; ainsi se lance-t-il dans la délicate caille aux pêches. Sur les poissons modestes, tel le lieu noir, il compose une sauce riche comme un coulis de homard. Le saumon frais est nappé d'une sauce à l'armagnac, les noix de Saint-Jacques (cinq ou six préparations par carte) d'un beurre blanc au vinaigre de muscadet, d'une sauce à l'anis, d'un coulis de truffes – admirable. La Saint-Jacques, c'est son truc, sa spécialité, en multiples versions : c'est l'Einstein de la coquille chère aux pèlerins de Compostelle !

À l'époque, il n'a que dix tables rectangulaires, une seule ronde, Colette arpente la salle avec une serveuse, un chef de partie et deux arpètes en cuisine. En 1988, tombe l'étoile Michelin. « Je suis allé la chercher, confesse-t-il, de sa voix mesurée. J'avais dit au personnel : on a l'os entre les dents et on serre fort. Ce fut l'un des plus beaux jours de ma vie. »

Il embauche un sommelier, un chef de partie et un chef de rang. L'étoile va doper L'Écrin de Plancoët. Car il figure dans les guides dont le prestigieux Michelin.

Dès lors, Jean-Pierre affine sa manière : « En lisant, en voyageant. Autodidacte pur, je ne suis passé par aucun grand restaurant. Je n'ai pas eu de maître, de modèle. J'ai progressé chaque jour, mon apprentissage fut permanent. Dès l'étoile obtenue, j'ai eu une règle : acheter le meilleur de la pêche quel que soit le prix à payer, les viandes de race, les légumes et fruits de maraîchers ; à moi de savoir procéder pour bien vendre mes plats. » Et faire vivre L'Écrin.

Le secret de la méthode Crouzil, c'est qu'il tient à choisir lui-même la matière première à transformer en cuisine. Rien n'entre dans les frigos de L'Écrin sans que Jean-Pierre ait donné son imprimatur. Et il est organisé, le chef. Il a quatre mareyeurs à Audierne, Erquy, Saint-Malo et Saint-Cast dont l'excellent Bruno Ruiz qui part en mer tous les jours sur le Korrigan et lui réserve la crème de la pêche dont les Saint-Jacques immobiles dans les sables.

Aux marchés de Rocabey (Saint-Malo), Dinard et Rennes, Crouzil observe, papillonne, touche, caresse, pelote, hume et détaille les étals. Ce jour, des superbes maquereaux qu'il va lever en filets à la vinaigrette de cébettes et caviar d'aubergines aux agrumes (au menu, prix imbattable).
Des coquilles Saint-Jacques toute l'année – pas seulement les mois en R – car les pêcheurs des îles anglo-normandes ne s'arrêtent pas de septembre à mai, sorties de l'eau à 6 heures du matin, à peine salées, c'est un pur plaisir.
La seconde étoile surgit en 1996, « une totale surprise », note Jean-Pierre qui se voit propulsé dans le trio des meilleurs chefs de Bretagne grâce à cette promotion si convoitée par les toqués les plus sérieux. Il étend son répertoire, s'attachant à concocter des plats bourgeois, des gibiers, des tripes de veau et autres gigots d'agneau des Pyrénées rôtis en chapelure de pain d'épices escortés de cocos fumés – une très belle assiette. À Plancoët, les viandes d'origine contrôlée, ce sont des nourritures d'hiver, bœuf de Bretagne, agneau des Pyrénées, pigeon élevé en plein air chez Paul Renault ; les poissons pêchés à la ligne, c'est l'été. Jamais d'aquaculture chez Crouzil : le respect des produits (bars bagués) pour le respect et le bonheur des mangeurs.
En octobre 2005, Maxime Crouzil, le fils prodigue, rejoindra ses parents après quinze années d'humanités culinaires chez Lameloise à Chagny (5 ans), chez Lenôtre (4 ans pour la pâtisserie), chez Gérard Besson (un as du gibier), chez Christian Willer au Martinez et chez Bruno Oger, chef de La Villa des Lys au Majestic de Cannes (pour le raffinement des préparations et la recherche des garnitures).
Tout comme son père, mais dans d'autres conditions de travail et d'accompagnement, Maxime s'est formé aux arcanes du métier, rigueur et personnalisation des cartes.
Sous l'impulsion du fils prodigue, L'Écrin va connaître une seconde vie ordonnée autour de la créativité de Maxime. Son père, d'une admirable modestie, s'effacera, confiant la destinée du restaurant à son fils : « Je serai à son service. S'il a besoin de moi pour casser un lièvre, gratter des pommes de terre, dépouiller l'araignée de mer, tâche pas commode, je serai toujours là et d'abord pour le marché quotidien. »
Cela s'appelle la transmission du pouvoir. Maxime sera le chef patron comme Jean-Michel Lorain à Joigny (La Côte Saint-Jacques), successeur du père fondateur. Un acte d'amour ? Cela s'appelle comme ça. D'ailleurs, dans la réussite des parents Crouzil, tout vient de l'enfance, de l'acharnement au labeur, de l'amour de la vie. De l'amour, tout court. Allez-y.

Nicolas de Rabaudy

# RECETTES TRADITIONNELLES

Lorsque la Saint-Jacques se marie aux grands produits des terroirs, ce sont tous les pays de France qui sont convoqués à table. On est en Bretagne bien sûr avec le cassoulet malouin ou le bavarois d'huîtres de la baie de Cancale au coulis de fenouil et ragoût de Saint-Jacques, mais il y a de l'Alsace dans ces tripes de Saint-Jacques au riesling et petites rattes, du pays Basque dans la garbure de Saint-Jacques au jambon de Bayonne et haricots tarbais, de la Franche-Comté dans une blanquette de Saint-Jacques et grenouilles au vin jaune et aux noix.

# Saint-Jacques en cocotte aux cèpes

Pour 4 personnes

12 noix de coquilles Saint-Jacques • 12 petits cèpes bouchons de moins de 6 cm de circonférence • 1 c. à soupe d'échalotes • 1 c. de cerfeuil • 1 branche de thym ou une pincée de fleur de thym • 1 dl de velouté de poissons • 80 g de beurre • sel • poivre blanc

**Velouté de poissons :** 1 arête de sole avec tête • 1 tête de colin ou turbot • 1 verre de vin blanc sec • 1 l d'eau • 1 carotte • 1/2 poireau • 1 branche de céleri • 150 g de champignons de Paris • 1 bouquet garni • 250 g de crème fleurette • Maïzena® • sel • poivre de Cayenne • beurre

Préparer le velouté de poissons à l'avance : émincer les légumes et les champignons. Les faire suer au beurre.

Ajouter le bouquet garni et les arêtes concassées. Faire suer pendant 10 min.

Ajouter le vin blanc et mouiller à hauteur avec l'eau. Faire cuire pendant 1 h.

Passer au chinois fin. Remettre sur le feu. Incorporer la crème fleurette et un peu de Maïzena® afin de lier la préparation. Assaisonner et laisser refroidir.

Préparation finale : faire sauter les cèpes coupés en 4 dans 80 g de beurre. Ajouter les échalotes et le thym. Saler et poivrer. Surtout ne pas retirer l'eau de végétation des champignons.

Ajouter les noix de Saint-Jacques coupées en 2. Remuer et verser le velouté. Donner un bouillon. Mettre la cuillerée à soupe de cerfeuil.

Rectifier l'assaisonnement et servir.

# Saint-Jacques dorées à la crème Soubise

Pour 4 personnes

12 noix de coquilles Saint-Jacques • 4 oignons roses de Roscoff • 8 petits oignons fanes • 1/2 l de bouillon de poule • 300 g de crème liquide • 10 g de beurre • sel • poivre • muscade • 2 c. à soupe d'huile d'olive ou beurre clarifié

Émincer les oignons. Les faire suer à blanc dans le beurre dans une cocotte à fond épais couverte pendant environ 30 min à feu très doux. Remuer souvent.

Mouiller avec le bouillon de poule. Ajouter une râpée de muscade. Faire cuire 10 min.

Ajouter la crème. Rectifier l'assaisonnement. Mixer et passer au chinois étamine.

Verser dans les assiettes creuses bien chaudes.

Faire chauffer l'huile dans une poêle. Poêler les noix de Saint-Jacques 2 min de chaque côté et les disposer sur la purée Soubise bien crémeuse.

Décorer chaque assiette d'un oignon fane fendu sur toute sa longueur. Servir.

# Saint-Jacques à la bretonne comme autrefois

Pour 4 personnes

12 noix de coquilles Saint-Jacques • 200 g de gros oignons • 1 dl de vin blanc sec • 1 dl de fumet de poissons • 150 g de mie de pain blanc • 10 g de persil haché • gros sel de mer • poivre noir moulu • 100 g de beurre • 1 c. de chapelure blanche • 100 g de lait

**Fumet de poissons :** 1 arête de sole avec tête • 1 tête de colin ou turbot • 1 verre de vin blanc sec • 1 l d'eau • 1 carotte • 1/2 poireau • 1 branche de céleri • 150 g de champignons de Paris • 1 bouquet garni • sel • poivre de Cayenne

Préparer le fumet de poissons à l'avance : émincer les légumes et les champignons. Les faire suer au beurre. Ajouter le bouquet garni et les arêtes concassées. Faire suer pendant 10 min. Ajouter le vin blanc et mouiller à hauteur avec l'eau. Faire cuire pendant 1 h.

Passer au chinois fin. Assaisonner et laisser refroidir.

Préparation finale : faire suer les oignons hachés dans le beurre, très longtemps en remuant souvent afin d'obtenir une compotée d'oignons. En fin de cuisson, mouiller au vin blanc. Donner une forte ébullition. Ajouter 1 dl de fumet et les noix de Saint-Jacques coupées en 4. Laisser cuire 5 min. Ajouter la mie de pain préalablement trempée dans le lait chaud et le persil. Assaisonner avec du gros sel de mer et du poivre noir fraîchement moulu.

Garnir 4 coquilles (ou à défaut des ramequins). Bien bomber de garniture. Parsemer de chapelure, mettre une noix de beurre sur chaque coquille garnie et passer au gril 5 min. Servir.

# Cassoulet malouin

Pour 4 personnes

20 noix de coquilles Saint-Jacques • 1 homard breton de préférence femelle • 1 filet de merlan de 100 g • 1 œuf • 150 g de crème • 300 g de cocos mi-secs • 1 oignon • 1 carotte • 2 gousses d'ail • 1 belle tomate • 100 g de beurre • 8 carottes fanes • 8 oignons grelots • 50 g de lardons fumés blanchis • 1 c. de persil plat haché • 1 c. à café de ciboulette • 1 bouquet garni • sel • poivre • parmesan

**Court-bouillon** : 1 poireau • 2 carottes • 2 oignons • 1/2 l de vin blanc • 10 cl de vinaigre • thym • laurier • persil • 1 l d'eau • poivre en grains

Préparer le fumet de poissons à l'avance : préparer le court-bouillon : tailler les carottes et les oignons en fines rondelles. Confectionner le bouquet garni avec le poireau, le persil, le thym et le laurier.

Porter à ébullition l'eau, le vinaigre, le vin blanc et le poivre en grains. Ajouter les légumes et le bouquet garni, saler et laisser cuire 15 min environ. Y jeter le homard et laisser cuire pendant 10 min.

Blanchir les haricots et les rincer à l'eau chaude. Faire suer la garni-ture finement ciselée (carotte, oignon et ail) avec les 100 g de beurre. Ajouter la tomate coupée en cubes et les cocos. Mouiller à hauteur avec de l'eau ou du fumet de poissons.

Préparation finale : pendant que le tout cuit, préparer les saucisses. Mettre 8 noix dans le cutter avec l'œuf, le filet de merlan et ce que l'on peut récupérer dans la tête du homard ainsi que les œufs (sous la queue). Saler et poivrer. Mixer et ajouter 100 g de crème.

Couper 8 beaux médaillons de homard dans la queue. Couper les pinces en petits dés et mélanger à la mousse avec la ciboulette. Ensuite, fabriquer les petits rouleaux de cette préparation avec du film alimentaire bien serré. Les cuire dans un couscoussier à eau frémissante à 85 °C (th. 3) pendant 15 min. Les plonger ensuite dans l'eau glacée 1 h. Faire de belles tranches en ciseaux. Réserver. Ajouter les 50 g de crème restante dans les haricots puis les noix coupées en 2, les médaillons de homard, les carottes, les oignons, le persil, les rondelles de saucisses, les lardons rissolés, et verser le tout dans votre récipient de service. Passer au four 180 °C (th. 6) pendant 5 min. Servir. On peut parsemer le plat de parmesan.

Ce plat convivial peut être servi en plat unique ou bien en cassolettes individuelles.

# Galettes de pommes de terre aux Saint-Jacques et boudin noir

Pour 4 personnes

8 noix de coquilles Saint-Jacques • 250 g de boudin noir

**Pour la sauce :** 1 c. à soupe de moutarde de Dijon • sel et poivre • 20 cl de crème fleurette

**Appareil à galettes de pommes de terre** : 500 g de pommes de terre purée • 5 cl de lait • 3 c. à soupe de farine • 2 œufs entiers • 1 ramequin de blanc d'œuf • 10 cl de crème épaisse

Peler et couper les pommes de terre en morceaux et les cuire à l'eau (ou à la vapeur). Les passer au moulin à purée et les incorporer à l'appareil (farine, œuf, lait et crème). Laisser reposer.

Beurrer une plaque alvéolée antiadhésive ou sinon des minimoules à tartelettes et y déposer à l'aide d'une cuillère votre préparation en petits tas de 50 g environ. Poser sur chaque petit tas 1/2 noix de Saint-Jacques, 1 rondelle de boudin et faire cuire au four 15 min à 220 °C (th. 7-8). Faire bouillir la crème. Ajouter 1 c. de moutarde, saler, fouetter et réserver.

Disposer vos galettes en alternant sur vos assiettes. Ajouter un cordon de sauce.

# Crêpes de Saint-Jacques au lard d'oie

Pour 4 personnes

8 noix de coquilles Saint-Jacques • 1 magret d'oie ou 8 tranches • 250 g de farine de blé • 3 œufs • 1/2 l de lait • 1 c. à soupe d'huile de colza • 1 c. à soupe de sucre semoule • 2 dl de velouté de poissons • 160 g de beurre • 1 c. à soupe d'estragon haché • 1 c. à café de cognac ou de calvados (facultatif)

**Velouté de poissons :** 1 arête de sole avec tête • 1 tête de colin ou turbot • 1 verre de vin blanc sec • 1 l d'eau • 1 carotte • 1/2 poireau • 1 branche de céleri • 150 g de champignons de Paris • 1 bouquet garni • 250 g de crème fleurette • Maïzena® • sel • poivre de Cayenne

Préparer le velouté de poissons à l'avance : émincer les légumes et les champignons. Les faire suer au beurre.

Ajouter le bouquet garni et les arêtes concassées. Faire suer pendant 10 min.

Ajouter le vin blanc et mouiller à hauteur avec l'eau. Faire cuire pendant 1 h.

Passer au chinois fin. Remettre sur le feu. Incorporer la crème fleurette et un peu de Maïzena® afin de lier la préparation. Assaisonner et laisser refroidir.

Préparer les crêpes de Saint-Jacques : préparer votre pâte à crêpes en mélangeant la farine et les œufs entiers. Ajouter le sucre, le lait et la cuillerée d'huile. Facultatif, vous pouvez ajouter 1 c. à café de cognac ou de calvados. Laisser reposer 1 h puis faire des crêpes assez fines.

Préchauffer le four à 220 °C (th. 7-8).

Couper le magret et les noix de coquilles Saint-Jacques en tranches fines. Garnir les crêpes. Ne pas saler, seulement poivrer. Refermer les crêpes en 2 ou en portefeuille. Badigeonner de beurre fondu. Disposer sur une plaque allant au four.

Faire chauffer 2 dl de velouté. Ajouter le beurre en petits cubes et mixer. Jeter l'estragon dans la sauce et réserver.

Passer les crêpes au four pendant 4 min.

Servir sur les assiettes chaudes avec un cordon de sauce.

# Saint-Jacques malouine

Pour 4 personnes

12 noix de coquilles Saint-Jacques • 2 dl de béchamel • 15 cl de vin blanc • 100 g de beurre • 100 g d'emmental • 1 filet d'anchois • 1 c. à soupe de moutarde • 1 c. à soupe d'échalotes • 100 g de pâte feuilletée • sel • poivre

**Béchamel** : 40 g de farine • 40 g de beurre • 1 l de lait • 1 pincée de muscade • sel • poivre

Façonner des fleurons avec la pâte feuilletée et les faire cuire au four jusqu'à belle coloration. Réserver.

Porter le vin blanc et l'échalote à ébullition. Pocher les noix de Saint-Jacques coupées en 2. Retirer les noix de Saint-Jacques, les réserver, et faire réduire la cuisson. Pendant ce temps, préparer la béchamel. L'ajouter à la cuisson réduite avec le beurre, l'anchois et la moutarde. Mixer et passer à l'étamine.

Dresser les noix de Saint-Jacques en couronne dans de petites cassolettes ou dans les coquilles. Napper avec la sauce. Parsemer d'emmental et passer sous le gril.

Servir accompagné des fleurons bien croquants.

# Garbure de Saint-Jacques au jambon de Bayonne et haricots tarbais

Pour 4 personnes

12 noix de coquilles Saint-Jacques • 250 g d'oignons • 200 g de jambon de Bayonne en morceaux • 3 tranches fines de jambon de Bayonne • 250 g de haricots tarbais mi-secs (sinon les faire tremper une nuit) • 300 g de chou 100 g de pommes de terre • 1 carotte • 1 navet • 1 c. de graisse d'oie • 8 grains de poivre • thym • laurier • fumet de poissons • sel

**Fumet de poissons :** 1 arête de sole avec tête • 1 tête de colin ou turbot • 1 verre de vin blanc sec • 1 l d'eau • 1 carotte • 1/2 poireau • 1 branche de céleri • 150 g de champignons de Paris • 1 bouquet garni • sel • poivre de Cayenne

Préparer le fumet de poissons à l'avance : émincer les légumes et les champignons. Les faire suer au beurre. Ajouter le bouquet garni et les arêtes concassées. Faire suer pendant 10 min.

Ajouter le vin blanc et mouiller à hauteur avec l'eau. Faire cuire pendant 1 h. Passer au chinois fin. Assaisonner et laisser refroidir.

Préparer la garbure de Saint-Jacques : faire rissoler les oignons émincés dans la graisse d'oie. Ajouter les haricots préalablement blanchis et rincés, la carotte, le navet, les morceaux de jambon de Bayonne, le chou, la pomme de terre. Mouiller à hauteur pour moitié avec du fumet de poissons, pour moitié avec de l'eau. Faire cuire à couvert 1 h 30 à feu doux. Couper les noix de Saint-Jacques en 2 ou 3 morceaux. Les mettre dans une autre cocotte. Verser dessus l'ensemble des garnitures bien chaudes.

Après avoir séché les tranches de jambon de Bayonne au four, les passer au mixeur pour en faire une chapelure. Saupoudrer la garbure avec cette dernière et passer au four sous gril 4 min.

Vous pouvez servir à part un consommé de crustacés (voir recette page 84).

# Blanquette de Saint-Jacques et grenouilles au vin jaune et aux noix

Pour 4 personnes

12 noix de coquilles Saint-Jacques • 12 cuisses de grenouilles • 2 c. à soupe d'échalotes ciselées • 15 cl de vin jaune • 100 g de crème liquide • 50 cl de velouté de poissons • 50 g de cerneaux de noix • 4 pluches de cerfeuil • 60 g de beurre • sel • poivre

**Velouté de poissons** : 1 arête de sole avec tête • 1 tête de colin ou turbot • 1 verre de vin blanc sec • 1 l d'eau • 1 carotte • 1/2 poireau • 1 branche de céleri • 150 g de champignons de Paris • 1 bouquet garni • 250 g de crème fleurette • Maïzena® • sel • poivre de Cayenne

Préparer le velouté de poissons à l'avance : émincer les légumes et les champignons. Les faire suer au beurre. Ajouter le bouquet garni et les arêtes concassées. Faire suer pendant 10 min.

Ajouter le vin blanc et mouiller à hauteur avec l'eau. Faire cuire pendant 1 h.

Passer au chinois fin. Remettre sur le feu. Incorporer la crème fleurette et un peu de Maïzena® afin de lier la préparation. Assaisonner et laisser refroidir.

Préparer la blanquette de noix de Saint-Jacques : désosser les cuisses de grenouilles en retournant les chairs sur l'os et manchonner.

Couper les noix de Saint-Jacques en 2. Les faire colorer dans un peu de beurre à la poêle. Réserver les noix de Saint-Jacques.

Dans une poêle ou un sautoir, faire revenir les grenouilles dans un peu de beurre. Ajouter les échalotes. Suer 2 min, déglacer avec le vin jaune puis verser 50 cl de velouté de poissons. Saler et poivrer. Ajouter les cerneaux de noix et laisser cuire 5 min. Ajouter les noix de Saint-Jacques pendant 1 min et retirer le tout. Garder au chaud.

Débarrasser la sauce dans une petite casserole. Ajouter la crème. Mixer.

Disposer en alternant en couronne les noix de Saint-Jacques et les grenouilles, les cerneaux au centre de l'assiette. Verser la sauce. Poser la pluche de cerfeuil. Servir.

# Mille-feuille de blé noir aux Saint-Jacques et au crabe, beurre safrané

Pour 4 personnes

8 noix de coquilles Saint-Jacques • 200 g de chair de crabe (1 crabe = 1,5 kg) • 30 g d'échalotes ciselées • 20 cl de vin blanc • 1 pointe de safran en poudre • 30 g de ciboulette • 20 cl de crème liquide • 60 g de beurre fondu chaud • 250 g de farine de blé noir (sarrasin) • gros sel gris • poivre • 2 c. à soupe d'huile d'olive

Préparer la pâte à galette dans un cul de poule. Délayer la farine de blé noir avec une pincée de gros sel en ajoutant progressivement de l'eau tout en battant jusqu'à ce que votre pâte file (la quantité d'eau dépend de la qualité de la farine. La pâte doit être bien souple). Réserver au frais 1 h.

Dans une poêle à galette antiadhésive, passer un linge beurré et chauffer fort. Verser votre appareil avec une louche en tournant la poêle pour répandre uniformément. Laisser cuire 1 min. Retourner 15 s et débarrasser sur un torchon sec. Recommencer l'opération.

Découper des cercles de galette de la grandeur de ceux qui vous serviront au montage.

Mélanger la chair de crabe avec la ciboulette et l'huile d'olive. Réserver.

Couper les noix de Saint-Jacques en 3 lames et les dorer sur une face.

Après avoir repassé tous les cercles de galette à la poêle et au beurre, faire le montage en intercalant galette et noix de Saint-Jacques. Poser ensuite une presse sur le dessus en attendant de les repasser au four (il est possible de s'aider de cercles de montage si l'on en dispose).

La sauce : faire réduire le vin blanc avec l'échalote. Ajouter la crème et faire bouillir. Mixer et incorporer le beurre et le safran (utiliser exclusivement du beurre breton salé permet de ne pas resaler les sauces au beurre).

Passer les mille-feuilles 4 min à four chaud.

Servir avec la sauce.

# Saint-Jacques à la dieppoise

Pour 4 personnes

12 noix de coquilles Saint-Jacques • 12 champignons de Paris • 250 g de moules • 100 g de crevettes décortiquées • 2 dl de béchamel • 20 cl de vin blanc • 15 cl de crème • 100 g de beurre • 1 jus de citron • 1 c. à soupe d'échalotes • 1 c. à soupe de persil plat

**Béchamel :** 40 g de farine • 40 g de beurre • 1 l de lait • 1 pincée de muscade • sel • poivre

Trancher les noix de Saint-Jacques en lames fines. Porter à ébullition le vin blanc additionné des échalotes et y pocher les noix de Saint-Jacques. Retirer les noix de Saint-Jacques et faire ouvrir les moules (lavées) dans l'eau de cuisson des noix de Saint-Jacques en y ajoutant le beurre et le persil.

Pendant ce temps, préparer une sauce béchamel.

Lorsque les moules sont ouvertes, les retirer de l'eau de cuisson. Filtrer le jus, le faire réduire de moitié et l'ajouter à la béchamel.

Réserver 4 belles têtes de champignons. Émincer les autres et les faire sauter à la poêle. Saler et poivrer.

Préchauffer le four à 200 °C (th. 6-7).

Disposer les noix de Saint-Jacques, les moules, les champignons sautés et les crevettes dans vos coquilles ou cassolettes. Faire bouillir la sauce. Ajouter la crème, mixer et rectifier l'assaisonnement. Napper la préparation de noix de Saint-Jacques.

Faire griller les champignons que vous aurez tournés ou quadrillés et les poser sur les coquilles.

Passer 6 min au four. Servir bien chaud.

# Blanquette de Saint-Jacques aux girolles et cerfeuil

Pour 4 personnes

12 noix de coquilles Saint-Jacques • 300 g de petites girolles bien fraîches • 2 c. à soupe d'échalotes ciselées • 2 belles tomates • 2 feuilles de basilic • 1 gousse d'ail • 1 branche de thym • huile d'olive • sel • poivre

**Crème de langoustines :** 600 g de têtes et carcasses de langoustines crues • 4 pièces d'échalotes • 5 cl d'huile d'olive • 100 g de fenouil • 5 cl de cognac • 6 à 8 gousses d'ail • 1 l de crème liquide • 2 c. à soupe de concentré de tomates • badiane • coriandre • thym • poivre de Cayenne

Préparer la crème de langoustines : faire revenir à feu vif les carcasses et têtes des langoustines avec l'huile d'olive. Ajouter l'échalote et le fenouil émincés finement. Laisser suer. Verser ensuite l'ail écrasé, le concentré de tomates, 3 fleurs de badiane, 1/2 c. à moka de coriandre et 1 branche de thym. Remuer à la spatule.

Flamber au cognac et ajouter la crème. Saler légèrement et ajouter 1 pincée de poivre de Cayenne. Porter à ébullition et laisser frémir pendant environ 45 min.

Passer au chinois étamine et réduire si nécessaire. Rectifier l'assaisonnement.

Mixer avant utilisation.

Préparer la blanquette de noix de Saint-Jacques : préparer un concassé de tomates en faisant suer 1 c. à soupe d'échalotes, la gousse d'ail à l'huile d'olive puis les tomates mondées coupées en petits cubes. Assaisonner et ajouter du thym. Attendre l'évaporation totale de l'eau de végétation puis ajouter le basilic ciselé. Retirer l'ail et réserver.

Faire sauter les girolles dans une poêle avec 1 c. à soupe d'échalotes. Ajouter les noix de Saint-Jacques. Cuire 1 min et verser la crème de langoustines. Rectifier l'assaisonnement. Disposer dans des assiettes creuses. Poser sur le milieu 1 quenelle de concassé de tomates surmontée d'un corail préalablement cuit dans la blanquette. Ajouter une pluche de cerfeuil et un cœur de basilic. Servir.

# Bavarois d'huîtres de la baie de Cancale au coulis de fenouil et ragoût de Saint-Jacques

Pour 4 personnes

8 noix de coquilles Saint-Jacques • 100 g de crème de langoustines (ou de homard) • 4 belles huîtres • 300 g huîtres égouttées • 1/4 de l de lait • 100 g de blanc de volaille • 10 œufs entiers • 750 g de crème • 1 échalote • sel • poivre de Cayenne • beurre • aneth • muscade • 300 g de fenouil

**Crème de langoustines :** 600 g de têtes et carcasses de langoustines crues • 4 pièces d'échalotes • 5 cl d'huile d'olive • 100 g de fenouil • 5 cl de cognac • 6 à 8 pièces de gousses d'ail • 1 l de crème liquide • 2 c. à soupe de concentré de tomates • badiane • coriandre • thym • poivre de Cayenne

Préparer la crème de langoustines à l'avance : faire revenir à feu vif les carcasses et têtes des langoustines avec l'huile d'olive.

Ajouter l'échalote et le fenouil émincés finement. Laisser suer. Verser ensuite l'ail écrasé, le concentré de tomates, 3 fleurs de badiane, 1/2 c. à moka de coriandre et 1 branche de thym. Remuer à la spatule.

Flamber au cognac et ajouter la crème. Saler légèrement et ajouter 1 pincée de Cayenne. Porter à ébullition et laisser frémir pendant environ 45 min.

Passer au chinois en étamine et réduire si nécessaire jusqu'à consistance. Rectifier l'assaisonnement. Mixer avant de servir.

Préparation finale : ouvrir les huîtres et les décortiquer. Réserver 4 belles huîtres à part et conserver le reste dans un égouttoir. Dans le bol à mixer, mettre 300 g d'huîtres égouttées, le blanc de volaille, les œufs entiers, le lait, 500 g de crème, du sel, 1 pointe de poivre de Cayenne et une pointe de muscade.

Mixer, passer au tamis et disposer l'appareil dans les petits moules à savarin préalablement beurrés généreusement. Cuire au bain-marie à 70 °C (th. 2-3) pendant 30 min.

Pour le coulis faire suer sans coloration l'échalote ciselée et le fenouil dans un peu de beurre, ajouter la crème restante et laisser cuire à feu doux 15 à 20 min. Mixer puis rectifier l'assaisonnement.

Couper les noix de Saint-Jacques en petits dés et les saisir à la poêle. Déglacer à la crème de langoustines.

Servir les bavarois d'huîtres accompagnés du ragoût de noix de Saint-Jacques et d'un peu de coulis de fenouil. Décorer avec l'aneth. Servir chaud.

# Saint-Jacques en meurette à l'œuf poché (recette de M. Crouzil)

Pour 4 personnes

8 noix de coquilles Saint-Jacques • 4 œufs extra-frais • 4 tranches de pain de campagne • 1 oignon • 10 g de lard demi-sel • 1/2 l de vin rouge (bourgogne) • 150 g de beurre • 2 graines de genièvre • 4 feuilles de persil • thym • laurier • sel • poivre

Couper en tranches fines les noix de Saint-Jacques. Faire dorer les tranches de pain dans 20 g de beurre. Disposer les noix de Saint-Jacques en rond sur le pain. Saler, poivrer et réserver.

Faire chauffer le vin et pocher les œufs dedans pendant 6 min. Retirer les œufs sur un papier absorbant. Réserver le vin.

Blanchir le lard coupé en dés et réserver.

Faire suer dans une casserole l'oignon dans 30 g de beurre. Mouiller avec le vin et ajouter les lardons, thym, laurier et genièvre. Faire réduire de 80 % puis monter avec 100 g de beurre.

Passer les tranches de pain garnies des Saint-Jacques 1 min sous le gril et disposer les œufs dessus. Mettre chaque préparation sur une assiette. Napper avec la sauce et répartir le lard.

Poser une feuille de persil sur chaque œuf. Servir.

# Saint-Jacques en chausson au blanc de volaille, châtaignes et écrevisses

Pour 4 personnes

1 blanc de volaille de 150 g • 8 noix de coquilles Saint-Jacques • 4 zestes de citron • 60 g de châtaignes (marrons) • 8 écrevisses décortiquées et précuites • 300 g de bouillon de volaille • 2 c. à soupe de sauce américaine • 400 g de pâte feuilletée • 2 jaunes d'œufs • 10 cl de crème fraîche • sel • poivre • muscade

Faire chauffer le bouillon de volaille. Y ajouter la crème fraîche et la sauce américaine.

Pocher le blanc de volaille dans le bouillon. Retirer et faire de même pour les Saint-Jacques. Continuer avec les marrons mais veiller à ce qu'ils soient croquants. Égoutter et couper ces 3 ingrédients en cubes. Réserver.

Préparer un velouté de volaille en faisant cuire ensemble 25 g de beurre, 25 g de farine et 1/4 de litre de bouillon de volaille. Ajouter la muscade, les zestes de citron et les écrevisses. Sel et poivre. Réserver au froid.

Préchauffer le four à 230 °C (th.7-8). Abaisser la pâte feuilletée à 3 mm environ. Découper des cercles de 14 cm de diamètre. Donner un coup de pinceau au jaune d'œuf sur toute la circonférence. Garnir le centre avec les cubes de volaille, de Saint-Jacques et de marrons bien froids. Refermer en pressant les bords, dessiner éventuellement les bords avec un couteau. Passer du jaune d'œuf sur la totalité de votre chausson et donner quelques traits à l'aide d'un couteau. Enfourner 15 à 20 min.

Ce plat qui plaît aux enfants peut s'accompagner de riz ou de coquillettes qui remplaceront les marrons.

# Pommes mousseline aux Saint-Jacques et andouille de Guéméné

Pour 4 personnes

500 g de pommes de terre bintje • 12 noix de coquilles Saint-Jacques • 4 belles tranches d'andouille • 100 g de beurre • 80 g de crème • 1 c. à soupe de ciboulette • sel • poivre blanc

Faire cuire vos pommes de terre avec la peau. Les éplucher et les passer au moulin au-dessus de la casserole contenant la crème et le beurre bien chauds. Ne pas trop saler car l'andouille l'est suffisamment. Ajouter la ciboulette. Fouetter énergiquement.

Dresser cette purée en dôme dans un plat ou une assiette. Poêler les noix de Saint-Jacques rapidement. Les disposer sur la purée et l'andouille que vous aurez réchauffée dans une poêle antiadhésive.

Servir ce plat sans sauce car il est assez calorique. On peut l'accompagner d'une scarole aillée.

Pour une version plus luxueuse, on pourra utiliser 1 c. de truffes hachées à la place de la ciboulette.

# Marmite lutée de Saint-Jacques aux cèpes et bouillon de homard

Pour 4 personnes

12 noix de coquilles Saint-Jacques • 12 cèpes bouchons, moins de 6 cm de circonférence • 1 c. à soupe d'échalotes • 200 g de bouillon de homard • 250 g de pâte feuilletée • 1 jaune d'œuf • 4 fleurs d'anis étoilé • huile d'olive

**Bouillon de homard :** 1 kg de carcasses de homard • 4 médaillons de homard • 200 g de jaunes d'œuf • 5 cl d'huile d'olive • coriandre • badiane • 1/2 botte d'estragon • 2 carottes • 5 cl de vinaigre blanc • 1 poireau • 50 cl de vin blanc • 8 gousses d'ail • 1/2 bulbe de fenouil

Préparer le bouillon de homard à l'avance : faire revenir dans une grande casserole avec l'huile d'olive les carcasses de homard préalablement concassées.

Ajouter la garniture aromatique à savoir : les carottes, le poireau et le fenouil, tous émincés, l'ail concassé. Faire suer une dizaine de minutes.

Pocher les médaillons de homard 3 min dans le bouillon. Résever.

Ajouter le vin blanc, le vinaigre, l'estragon haché ainsi que les épices. Mouiller à hauteur avec l'eau et assaisonner légèrement. Laisser cuire 1 h à 1 h 30 à feu doux.

Passer ensuite le bouillon à l'aide d'un chinois et laisser refroidir environ 1 h.

Fouetter les blancs d'œufs dans un saladier (sans les monter) et les ajouter dans le bouillon encore tiède. Mélanger et porter de nouveau à ébullition tout doucement. Les blancs ajoutés vont en quelque sorte emprisonner les impuretés du bouillon qui va devenir complètement limpide.

Passer ensuite avec beaucoup de précaution le consommé à travers un linge très fin.

Préparation finale : préchauffer le four à 180 °C (th. 6).

Couper les noix de Saint-Jacques en 3 lames chacune. Les disposer dans un plat à four ou, mieux, dans de petites soupières individuelles en porcelaine.

Faire sauter les cèpes coupés en 4 à l'huile d'olive avec les échalotes. Les assaisonner et égoutter.

Ajouter les cèpes et les médaillons de homard aux noix de Saint-Jacques. Verser le bouillon froid dessus aux trois quarts de la hauteur. À l'aide d'un pinceau, badigeonner le pourtour du plat ou des soupières avec le jaune d'œuf. Fermer celles-ci à l'aide de la pâte feuilletée abaissée à 3 mm. Repasser du jaune d'œuf sur la pâte feuilletée. Poser au centre l'anis étoilé et enfourner pendant 20 min. Servir bien chaud.

# Salade de Saint-Jacques du père Laurent

Pour 4 personnes

8 noix de coquilles Saint-Jacques • salade selon la saison (12 feuilles de chêne, de laitue et de mâche) 3 feuilles de chaque sorte par assiette • 400 g de choucroute crue • 1 pomme verte • 1 tomate • 1 œuf dur • 16 tranches très fines de filet d'oie fumé • 2 beaux gésiers d'oie confits • 4 c. à soupe de crème fraîche • 8 c. à soupe de vinaigrette • 5 cl de vinaigre de Xérès • persil haché • sel • poivre

Faire bouillir 2 l d'eau salée. Y mettre la choucroute lavée à l'eau froide. Attendre l'ébullition puis égoutter dans une passoire. Rincer à l'eau froide, égoutter et mettre dans un saladier.

Couper la pomme en bâtonnets et les poser sur la choucroute. Saler, poivrer, ajouter la crème fraîche, la vinaigrette, le vinaigre de Xérès puis mélanger.

Garnir 4 assiettes de salades en variant les couleurs. Mettre la choucroute au milieu de l'assiette, disposer les filets d'oie autour, ainsi que la tomate et l'œuf coupés en quartiers.

Couper les gésiers et les faire rissoler dans un peu de graisse d'oie. Poser sur la salade de choucroute.

Poêler les noix de coquilles Saint-Jacques, 3 min sur chaque face, et les poser sur la salade de choucroute.

Saupoudrer de persil haché. Servir aussitôt.

# Saint-Jacques à la parisienne

Pour 4 personnes

12 noix de coquilles Saint-Jacques avec corail • 150 g de champignons de Paris • 300 g de pommes de terre à purée • 100 g de beurre • 3 œufs • 2 dl de sauce béchamel • sel • poivre

**Béchamel :** 40 g de farine • 40 g de beurre • 1 l de lait • 1 pincée de muscade • sel • poivre

**Matériel :** 4 coquilles ou 4 cassolettes

Couper les noix de coquille Saint-Jacques en lamelles. Les blanchir ainsi que les corails.

Faire sauter les champignons émincés.

Cuire les pommes de terre à la vapeur. Les égoutter et faire sécher au four pour enlever un maximum d'humidité, puis passer au moulin à légumes. Ajouter les jaunes d'œufs et le beurre. Mettre cette purée, dite « pomme Duchesse », dans une poche à douille cannelée. À l'aide de celle-ci ou, à défaut, d'une petite cuillère, décorer le contour des coquilles.

Préparer une sauce béchamel et en napper le fond de chaque coquille de 1 c. à soupe. Déposer ensuite les noix et le corail en alternant avec les lames de champignons. Napper avec le reste de la sauce et passer à four chaud pendant 5 min. La sauce doit prendre un aspect brillant. Servir.

# Saint-Jacques à la Villeroi

Pour 4 personnes

12 noix de coquilles Saint-Jacques • 100 g de chapelure blonde • 2 œufs • 50 g de farine • 1 c. de moutarde • 4 branches de persil frisé • sel • poivre • bain de friture

**Sauce** : 3 jaunes d'œufs • 2 dl de velouté de poissons • 250 g de champignons de Paris • 80 g de beurre • poivre • muscade

**Velouté de poissons** : 1 arête de sole avec tête • 1 tête de colin ou turbot • 1 verre de vin blanc sec • 1 l d'eau • 1 carotte • 1/2 poireau • 1 branche de céleri • 150 g de champignons de Paris • 1 bouquet garni • 250 g de crème fleurette • Maïzena® • sel • poivre de Cayenne

Préparer le velouté de poissons à l'avance : émincer les légumes et les champignons. Les faire suer au beurre. Ajouter le bouquet garni et les arêtes concassées. Faire suer pendant 10 min.

Ajouter le vin blanc et mouiller à hauteur avec l'eau. Faire cuire pendant 1 h.

Passer au chinois fin. Remettre sur le feu. Incorporer la crème fleurette et un peu de Maïzena® afin de lier la préparation. Assaisonner et laisser refroidir.

Préparer les Saint-Jacques à la Villeroi : faire suer les champignons sans coloration à couvert dans une sauteuse avec un peu de beurre. Égouttez en récupérant l'eau de végétation. Remettre celle-ci dans une casserole et laisser réduire jusqu'à obtenir environ 1 dl de cuisson.

Dans une sauteuse, mettre les jaunes d'œufs. Délayer avec le velouté à froid. Ajouter la cuisson de champignons, la muscade et le poivre du moulin. Faire réduire à plein feu tout en fouettant. Ajouter 60 g de beurre.

Assaisonner et fariner les noix de Saint-Jacques. Les passer dans les œufs battus avec la moutarde et ensuite dans la chapelure. Jeter dans la friture 4 min à 170 °C (th. 5-6). Égoutter.

Faire frire les branches de persil pendant 10 s dans la friture ayant servi pour les Saint-Jacques.

Napper de sauce le fond des assiettes chaudes. Dresser les noix de Saint-Jacques au centre des assiettes et les décorer d'une branche de persil frit. Servir.

# Médaillons de sole et Saint-Jacques au salpicon de cèpes, sauce normande

Pour 4 personnes

8 noix de coquilles Saint-Jacques • 2 soles de 200 g chacune • 2 tranches de saumon fumé • 4 cèpes bouchons de champagne 5/7 cm • 4 tomates grappes • 2 dl de fumet de poissons • 5 échalotes • 500 g de moules • 200 g de champignons de Paris • 1/4 l de vin blanc sec • 1/4 l de crème • 150 g de beurre • sel • poivre

**Fumet de poissons :** 1 arête de sole avec tête • 1 tête de colin ou turbot • 1 verre de vin blanc sec • 1 l d'eau • 1 carotte • 1/2 poireau • 1 branche de céleri • 1 bouquet garni • sel • poivre de Cayenne

Préparer à l'avance le fumet de poissons : émincer les légumes et les champignons. Les faire suer au beurre.

Ajouter le bouquet garni et les arêtes concassées. Faire suer pendant 10 min. Ajouter le vin blanc et mouiller à hauteur avec l'eau. Faire cuire pendant 1 h.

Passer au chinois fin. Assaisonner et laisser refroidir.

Préparation finale : lever les filets de sole. Les dégorger à l'eau fraîche puis les éponger. Poser sur chacun 1 lanière de saumon fumé, la noix de Saint-Jacques et de la coriandre ciselée. Les rouler et les maintenir à l'aide d'une pique en bois.

Laver et ouvrir les moules dans le vin blanc avec la moitié des échalotes. Chauffer. Dès que les moules s'ouvrent, les égoutter en conservant le jus de cuisson et les décortiquer. Passer le jus et l'allonger avec 2 dl de fumet de poissons. Réduire de moitié et crémer puis monter au beurre.

Faire cuire les filets de sole à la vapeur pendant 10 min.

Pendant ce temps, tailler un fin salpicon (minicubes) de cèpes et champignons de Paris. Les faire suer à sec avec le reste des échalotes ciselées jusqu'à évaporation de l'eau de végétation. Rectifier l'assaisonnement.

Dresser les médaillons, les napper avec la sauce. Surmonter ceux-ci de 1 quenelle de cèpes, entourer avec les moules et décorer d'une herbe et des tomates passées au four.

# Tripes de Saint-Jacques au riesling et petites rattes

Pour 4 personnes

8 noix de coquilles Saint-Jacques • 200 g de barde de Saint-Jacques • 1 carotte • 1 oignon • 1 blanc de poireau • 20 cl de riesling • 1 clou de girofle • 3 grains de coriandre • 1/2 l de fumet de poissons • thym • laurier • 8 petites rattes

**Fumet de poissons :** 1 arête de sole avec tête • 1 tête de colin ou turbot • 1 verre de vin blanc sec • 1 l d'eau • 1 carotte • 1/2 poireau • 1 branche de céleri • 150 g de champignons de Paris • 1 bouquet garni • sel • poivre de Cayenne

Préparer le fumet de poissons à l'avance : émincer les légumes et les champignons. Les faire suer au beurre.

Ajouter le bouquet garni et les arêtes concassées. Faire suer pendant 10 min.

Ajouter le vin blanc et mouiller à hauteur avec l'eau. Faire cuire pendant 1 h.

Passer au chinois fin. Assaisonner et laisser refroidir.

Préparer les tripes de noix de Saint-Jacques : battre les bardes avec du gros sel dans une grande passoire afin qu'elles rendent une mousse pendant 10 min et rincer abondamment. Faire suer à blanc carotte, oignon et poireau coupés en mirepoix. Mettre le tout dans une cocotte (bardes et légumes). Ajouter le riesling, les grains de coriandre et la garniture aromatique. Mouiller avec 1/2 l de fumet de poissons et couvrir. Laisser cuire doucement 1 h en surveillant. Si vous avez besoin de remouiller, faites-le avec l'eau à hauteur.

Pendant ce temps, faire cuire les petites pommes de terre rattes avec la peau. Les éplucher et les réserver.

Escaloper les noix et les ajouter dans la cocotte 3 min avant de servir.

Verser le tout dans des assiettes creuses. Poser 2 pommes de terre au centre de chacune.

# RECETTES MARINES

Lorsque la Saint-Jacques se conjugue aux huîtres, au homard ou aux langoustines, naissent des mets riches en iode. On ose les saveurs brutes avec un tartare de Saint-Jacques et huîtres sauvages aux échalotes grises et vinaigre de cidre, on s'offre le luxueux plaisir d'une galette de Saint-Jacques et Saint-Pierre au piment d'Espelette. Mais que dire de la saveur inégalable de Saint-Jacques crues à la croque-au-sel ? Il y a du bonheur dans cette simplicité-là.

# Croustillant de Saint-Jacques à la mousse de langoustines

Pour 4 personnes

12 noix de coquilles Saint-Jacques • 12 langoustines cuites (soit 500 g) • 4 feuilles de brick • 60 g de filet de merlan • 100 g de chair de langoustines crues • 150 g de crème fleurette • 100 g de beurre • 1/2 blanc d'œuf • sel • poivre de Cayenne • 4 filaments de safran • 1 c. de ciboulette • 1 verre de vin blanc • 10 graines d'anis sauvage • 1 anis étoilé • 1/2 c. de concentré de tomates • 2 gousses d'ail • thym • 4 belles feuilles de persil plat

Décortiquer les langoustines. Réserver séparément les queues d'une part, les têtes et parures d'autre part.

Faire fondre 50 g de beurre et badigeonner les feuilles de brick.

Préparer la mousse de langoustines : dans le cutter, mettre le filet de merlan, les queues de langoustines, le blanc d'œuf, 3 g de sel et 1 pointe de poivre de Cayenne. Mixer puis, à vitesse réduite, ajouter la moitié de la crème. Verser dans un saladier et, à l'aide d'une spatule, incorporer la ciboulette et les filaments de safran.

Disposer la moitié de cette préparation au centre de la brick en étalant un peu. Poser dessus les noix de Saint-Jacques coupées en 2 (soit 6 moitiés par personne). Recouvrir avec le reste de la mousse et ajouter la feuille de persil. Fermer les bricks en portefeuille. Réserver au froid.

Pour la sauce, faire légèrement colorer les têtes et les parures de langoustines. Mouiller avec le vin blanc. Ajouter le concentré de tomates, un peu d'eau, le thym, l'ail, les queues de persil, l'anis étoilé et les graines d'anis. Faire réduire de moitié et ajouter le reste de la crème. Donner un bouillon. Laisser infuser 15 min. Passer à l'étamine en pressant et ajouter le reste de beurre. Rectifier l'assaisonnement. Passer brièvement au mixeur à potage et réserver au bain-marie.

Poêler recto verso vos croustillants à la poêle à l'huile ou simplement au four à 180 °C (th. 6) pendant 5 min puis 250 °C (th. 8-9), 3 min en les retournant.

Servir la sauce au fond des assiettes et poser les croustillants dessus.

# Palets de Saint-Jacques aux praires en crépinette

Pour 4 personnes

1 crépine de porc • 12 noix de coquilles Saint-Jacques • 8 praires • 200 g de velouté de langoustines • 4 feuilles de sauge • 3 c. à soupe d'huile d'olive • sel • poivre de Cayenne

**Crème de langoustines** : 600 g de têtes et carcasses de langoustines crues • 4 pièces d'échalotes • 5 cl d'huile d'olive • 100 g de fenouil • 5 cl de cognac • 6 à 8 pièces de gousses d'ail • 1 l de crème liquide • 2 c. à soupe de concentré de tomates • badiane • coriandre • thym • poivre de Cayenne.

À l'avance, préparer la crème de langoustines : faire revenir à feu vif les carcasses et têtes des langoustines avec l'huile d'olive. Ajouter l'échalote et le fenouil émincés finement. Laisser suer. Verser ensuite l'ail écrasé, le concentré de tomates, 3 fleurs de badiane, 1/2 c. à moka de coriandre et 1 branche de thym. Remuer à la spatule. Flamber au cognac et ajouter la crème. Saler légèrement et ajouter 1 pincée de poivre de Cayenne. Porter à ébullition et laisser frémir pendant environ 1/2 h.

Passer au chinois étamine et réduire si nécessaire jusqu'à consistance. Rectifier l'assaisonnement. Mixer.

Préparer les palets de noix de Saint-Jacques : découper 4 carrés de crépine de 25 x 25 cm. Décortiquer les praires, les rincer, égoutter, éponger et poivrer.

Hacher grossièrement les noix de Saint-Jacques. Saler, poivrer. Poser et étaler la moitié des noix de Saint-Jacques sur la crépine. Ajouter les praires au centre et recouvrir avec le reste des noix de Saint-Jacques. Poser la feuille de sauge et refermer avec l'enveloppe en donnant une forme de galet. L'idéal serait de déposer autour de la préparation avant façonnage un cercle de 8 cm de diamètre pour s'assurer de la régularité du galet.

Poêler les 4 galets 3 min de chaque côté. Dresser sur assiette, feuille de sauge visible. Entourer de la crème de langoustines.

# Saint-Jacques aux huîtres et asperges, crème de persil simple

Pour 4 personnes

12 noix de coquilles Saint-Jacques • 8 huîtres n° 1 • 12 asperges vertes • 2 bottes de persil plat • 50 g de crème fleurette • 20 cl fumet de poissons • sel • poivre blanc • huile d'olive

**Fumet de poissons :** 1 arête de sole avec tête • 1 tête de colin ou turbot • 1 verre de vin blanc sec • 1 l d'eau • 1 carotte • 1/2 poireau • 1 branche de céleri • 150 g de champignons de Paris • 1 bouquet garni • sel • poivre de Cayenne

Préparer le fumet de poissons à l'avance : émincer les légumes et les champignons. Les faire suer au beurre.

Ajouter le bouquet garni et les arêtes concassées. Faire suer pendant 10 min.

Ajouter le vin blanc et mouiller à hauteur avec l'eau. Faire cuire pendant 1 h.

Passer au chinois fin. Assaisonner et laisser refroidir.

Préparation finale : décortiquer les huîtres, les rincer et les égoutter.

Rincer le persil, ôter les queues et cuire 20 min dans l'eau salée. Rafraîchir les feuilles de persil, réserver l'eau de cuisson.

Cuire les asperges (qui doivent rester croquantes) dans l'eau de cuisson du persil.

Égoutter le persil et le passer au mixeur. Débarrasser cette purée dans une casserole. Ajouter la crème fleurette et rectifier l'assaisonnement. Réserver.

Poêler les noix de Saint-Jacques 1 min de chaque côté.

Pocher les huîtres 30 s dans 20 cl de fumet. Égoutter.

Sur chaque assiette, verser la crème de persil et disposer harmonieusement les noix de Saint-Jacques, les huîtres et les asperges. Servir.

# Terrine de Saint-Jacques et homard aux primeurs

Pour 4 personnes

1 terrine en porcelaine 600 g de contenance ou une terrine en aluminium • 300 g de noix de Saint-Jacques • 1 homard femelle de 400 g • 2 œufs entiers • 400 g de crème fleurette • 4 carottes fanes • 12 haricots verts • 1 branche d'estragon • 1 c. de ciboulette ciselée finement • 200 g d'épinards branches frais • sel • poivre de Cayenne

Préparer la mousse en mettant dans le cutter 200 g de noix de Saint-Jacques, les œufs, les pinces et l'intérieur de la tête de homard cuit au préalable au court-bouillon pendant 8 min. (Réserver la queue.) Mixer puis ajouter la crème fleurette et l'estragon, 3 g de sel et 1 pointe de poivre de Cayenne. Réserver au frais.

Précuire les haricots verts, les carottes et les rafraîchir à l'eau glacée.

Chemiser un moule en aluminium avec du beurre pommade. Passer au grand froid pendant 30 min.

Pour le montage, tapisser le moule avec la mousse de noix de Saint-Jacques, puis les carottes, les haricots verts en alternant. Redonner un coup de spatule pour lisser, puis mettre la queue de homard coupée en 2 dans le sens de la longueur après avoir ôté l'intestin. Remettre une couche de mousse puis les 100 g restants de noix de Saint-Jacques également coupées en 2. Terminer avec la mousse.

Envelopper la terrine finie dans un film alimentaire et cuire 35 min dans un couscoussier ou au bain-marie, ou au four à 150 °C (th. 5) pendant 30 min (pour cette formule, remplacer le film alimentaire par du papier aluminium).

Après cuisson, laisser refroidir une nuit avec une petite planchette sur la terrine et un poids de 1 kg.

Fouetter le reste de crème. Ajouter la ciboulette. Rectifier l'assaisonnement.

Dressage : démouler votre terrine sur une planche à trancher. Couper 1 ou 2 tranches par assiette. Ajouter 1 quenelle de crème fouettée, 1 feuille de laitue ou le décor de votre choix.

# Saint-Jacques en gelée de langoustines, velouté de courgettes

Pour 4 personnes

8 noix de coquilles Saint-Jacques • 2 tomates Roma bien rouges • 400 g de fumet clarifié de langoustines très translucide • 8 branches de salade frisée grosse (ou barbe de capucin) • 5 g d'agar-agar ou 6 feuilles de gélatine • 3 courgettes bien fermes • 10 cl de lait • 10 cl de crème épaisse • 1 c. à café de cerfeuil haché • 1 échalote • 1 pointe d'ail • 30 g de beurre • sel • poivre

**Fumet clarifié de langoustines :** 400 à 500 g de langoustines • 200 g de champignons de Paris • 1 tête de turbot • 3 arêtes de sole • 2 échalotes • 1 blanc de poireau • 1 carotte • 1 branche de cèleri • 1 bouquet garni • 50 g de beurre • sel • poivre • 1 verre de vinaigre blanc

**Matériel :** 4 moules en Téflon

Préparer le fumet de langoustines à l'avance : concasser les arêtes et les faire suer dans le beurre avec les langoustines, la tête de turbot, les échalotes et tous les légumes émincés.

Faire suer sans coloration et à couvert environ 20 min. Mouiller ensuite à hauteur avec de l'eau, ajouter le vinaigre blanc. Monter à ébullition.

Laisser cuire 1 h en décantant fréquemment à l'aide d'une écumoire ; passer au chinois étamine et réserver (le fait de mettre une tête de turbot ou un aileron de raie tend à gélifier la préparation et permet de la conserver au réfrigérateur 2 ou 3 jours.)

Préparer les noix de Saint-Jacques en gelée de langoustines : couper les noix en petits dés. Les blanchir rapidement à l'eau salée et rafraîchir. Égoutter sur un papier absorbant.

Monder les tomates et les tailler en cubes identiques aux dés de Saint-Jacques.

Chauffer 400 g de fumet de langoustines et incorporer l'agar-agar.

Jeter les noix de Saint-Jacques, les tomates et le cerfeuil dedans et mélanger. Remplir rapidement les moules à l'aide d'une louche à bec. Laisser prendre.

Cuire les courgettes coupées en rondelles dans de l'eau salée. Rafraîchir et égoutter.

Faire suer l'échalote hachée et la pointe d'ail dans le beurre. Ajouter le lait et assaisonner. Mettre les courgettes dedans. Mixer puis ajouter la quantité de crème nécessaire à l'onctuosité du velouté. Laisser refroidir.

Dressage : démouler les noix de Saint-Jacques en gelée sur des assiettes. Tracer un cordon ou napper carrément le fond des assiettes avec le velouté. Poser de chaque côté 1 branche de salade frisée bien blanche et servir.

# Galette de Saint-Jacques et Saint-Pierre au piment d'Espelette

Pour 4 personnes

8 noix de coquilles Saint-Jacques • 4 filets de Saint-Pierre (150 g de filet c'est-à-dire 2 Saint-Pierre de 500 g) • 200 g d'épinards • 80 g d'échalotes • 1 dl de porto rouge • 2 dl de vin rouge (Anjou) • 100 g de beurre • 1 betterave rouge crue • fleur de sel • poivre blanc • 2 c. d'huile d'olive • piment d'Espelette en poudre

Préchauffer le four à 180 °C (th. 6).

Ouvrir vos filets de Saint-Pierre en 2 dans le sens de la longueur. Les assaisonner : fleur de sel, piment d'Espelette. Les huiler légèrement. Les disposer sur un plat à four.

Faire suer au beurre les épinards préalablement lavés. Saler et poivrer légèrement. Les disposer sur le Saint-Pierre.

Escaloper les noix de Saint-Jacques finement et les disposer sur les épinards en couronne.

Pour la sauce, faire réduire le vin rouge, le porto et les échalotes à sec. Ajouter 2 c. de jus de betterave (obtenu en mettant la betterave dans une centrifugeuse). Monter au beurre. Rectifier l'assaisonnement.

Passer au four 5 min à 180 °C (th. 6). Retirer, verser un cordon de sauce autour et servir.

# Saint-Jacques crues à la croque-au-sel

Pour 4 personnes

12 noix de coquilles Saint-Jacques • 1 c. à soupe de fleur de sel de Guérande • 4 belles tartines de pain de campagne • 2 c. à soupe d'huile d'olive (extra) • poivre du moulin

Griller les tartines sur une seule face.

Disposer les noix de Saint-Jacques crues tranchées finement sur chacune et disperser la fleur de sel, un tour de poivre du moulin.

Arroser d'huile d'olive et croquer.

# Nage de Saint-Jacques aux écrevisses

Pour 4 personnes

12 noix de coquilles Saint-Jacques • 12 belles écrevisses • 1 carotte • 1 oignon • 1 branche de céleri • 1/2 l de fumet de poissons • thym • laurier • queues de persil • gros sel • poivre de Cayenne • mignonnette de poivre • 1 anis étoilé • 3 graines de coriandre • 4 pluches de cerfeuil • 1 c. à soupe d'huile d'olive

**Fumet de poissons** : 1 arête de sole avec tête • 1 tête de colin ou turbot • 1 verre de vin blanc sec • 1 l d'eau • 1 carotte • 1/2 poireau • 150 g de champignons de Paris • 1 bouquet garni • sel • poivre de Cayenne

Préparer le fumet de poissons à l'avance : émincer les légumes et les champignons. Les faire suer au beurre.

Ajouter le bouquet garni et les arêtes concassées. Faire suer pendant 10 min.

Ajouter le vin blanc et mouiller à hauteur avec l'eau. Faire cuire pendant 1 h.

Passer au chinois fin. Assaisonner et laisser refroidir.

Préparation finale : châtrer les écrevisses. Il suffit pour cela de retirer la nageoire caudale centrale en tournant. Elle entraîne avec elle le boyau intestinal.

Faire suer doucement dans l'huile la carotte, l'oignon, la branche de céleri, le tout émincé. Mouiller avec le fumet, ajouter la garniture aromatique : thym et laurier, persil, poivre de Cayenne, anis étoilé, coriandre et mignonnette de poivre. Laisser cuire 20 min. Jeter les écrevisses dans cette nage 4 min. Retirer et ôter la carapace de la queue en essayant de ne pas détacher les chairs du reste du corps.

Couper les noix de Saint-Jacques en lames fines. Les ajouter à la nage pendant 2 min.

À l'aide d'une écumoire, répartir les noix de Saint-Jacques et la garniture dans les assiettes. Ajouter les écrevisses et verser une louche de cuisson sur chaque assiette.

Poser une pluche de cerfeuil et servir.

# Tartare de Saint-Jacques et huîtres sauvages aux échalotes grises et vinaigre de cidre

Pour 4 personnes

8 noix de coquilles Saint-Jacques • 8 huîtres creuses n° 3 • 60 g de saumon fumé • 20 g d'échalotes grises ciselées • 1 c. à soupe de vinaigre de cidre • 1 jaune d'œuf • 1 c. à soupe d'huile d'olive • 100 g de pourpier ou roquette • 4 crevettes bouquet ou roses entières • 1 c. à café de ciboulette • sel • poivre de Cayenne

Hacher grossièrement les noix de Saint-Jacques et les huîtres. Ajouter les échalotes, le vinaigre, l'œuf, l'huile d'olive, le poivre de Cayenne et la ciboulette. Mélanger le tout. Saler et poivrer.

Sur chaque assiette, disposer les feuilles de salade en couronne. Placer au centre la préparation de noix de Saint-Jacques et d'huîtres. Recouvrir avec un morceau de saumon fumé. Surmonter de 1 crevette. Verser un trait d'huile d'olive sur la salade et servir.

# Ravioles de Saint-Jacques et crevettes, crème de moules de Bouchot

Pour 4 personnes

8 noix de coquilles Saint-Jacques • 24 feuilles de pâte à nouilles 12 cm x 12 cm • 100 g de crevettes grises décortiquées • 24 petites feuilles d'estragon • 1 kg de moules de Bouchot • 1 jaune d'œuf • 30 g de beurre • 50 g d'échalotes ciselées • 20 cl de vin blanc sec • 150 g de crème liquide • 1 c. à soupe de persil simple • fécule de pomme de terre ou Maïzena® • 1 pointe de safran en poudre • poivre du moulin

Fariner votre plan de travail ou travailler directement sur une feuille de papier à beurre. Étaler vos feuilles de pâte et en badigeonner la moitié au jaune d'œuf.

Poser au centre de chacune des feuilles de pâte 2 ou 3 lames de Saint-Jacques puis une petite cuillerée de crevettes et quelques feuilles d'estragon. Saler et poivrer puis recouvrir de la deuxième feuille. À l'aide d'un cercle à tarte de 8 cm de diamètre, découper vos ravioles. Les poser ensuite sur du papier gaufré et les réserver au sec. Dans une casserole assez grande, faire revenir à blanc les échalotes dans 30 g de beurre. Mouiller avec le vin blanc puis la crème et le safran. Jeter les moules puis le persil. Poivrer, couvrir et mettre sur grand feu. Remuer de temps en temps. Dès que les moules sont ouvertes, les égoutter et les décortiquer.

Passer deux fois la cuisson à l'étamine, la remettre dans une petite casserole et faire bouillir. Lui donner de l'onctuosité et un aspect crémeux en liant avec un peu de fécule. Avant de mixer, vous pouvez rajouter 1 à 2 c. de moules décortiquées. Dans ce cas, vous filtrerez encore une fois.

Pour cuire les ravioles, les plonger 3 min dans un consommé de crustacés ou de l'eau salée.

Dresser dans les assiettes (2 ou 3 ravioles par personne). Napper de sauce et disposer vos moules autour.

# Corne d'encornet en abondance de Saint-Jacques et crevettes

Pour 4 personnes

8 noix de coquilles Saint-Jacques • 8 petits encornets ou 4 moyens • 100 g de crevettes grises décortiquées • 1 c. à soupe de ciboulette • 2 poivrons rouges • 1 tomate • 1/2 concombre • 1 gousse d'ail • 1 c. de basilic • 1 oignon • 5 cl de vinaigre blanc • 10 cl d'huile d'olive • Tabasco® • 1 jaune d'œuf • sel • poivre de Cayenne

Préparer la sauce dans un blender (mixeur à lames). Y mettre les poivrons cuits, pelés et épépinés ainsi que la tomate coupée en 4, le concombre, l'oignon émincé, le basilic, l'ail, 3 gouttes de Tabasco®, 10 cl d'huile d'olive, le jaune d'œuf et le sel. Mixer 5 min puis passer au tamis. Réserver au froid.

Cuire ensuite les poches d'encornets 20 min à l'eau salée et vinaigrée.

Pendant ce temps, hacher les noix de Saint-Jacques. Mélanger aux crevettes et à la ciboulette. Saler et poivrer.

Égoutter les encornets. Les refroidir et les fourrer avec la préparation de Saint-Jacques. Poser sur un plat huilé et passer au four 10 min à 160 °C (th. 5-6).

Verser la sauce dans les assiettes. Déposer l'encornet au centre. Aplatir légèrement l'encornet pour faire ressortir sa garniture. Lustrer à l'huile et servir.

# RECETTES POTAGÈRES

Qu'elle s'habille de jeunes feuilles et de pois du jardin ou se joue en Parmentier avec des chips de salsifis, la Saint-Jacques est ici exaltée par les saveurs de la terre. Le pays breton inspire des Saint-Jacques dorées au sautoir, chips d'artichauts et cocos paimpolais. Un beurre d'amertume souligne l'étonnant mariage de Saint-Jacques dorées et d'une fondue d'endives. Et comment ne pas penser au sud avec ces Saint-Jacques rôties au caviar d'aubergine et huile d'argan ?

# Salade de Saint-Jacques et vitelottes à l'huile de noisette

Pour 4 personnes

12 noix de Saint-Jacques • 8 vitelottes (pommes de terre violettes) • 100 g de roquette sauvage • 2 c. à soupe de vinaigre de cidre • 3 c. à soupe d'huile de pépins de raisin • 1 c. à soupe d'huile de noisette • 1 c. à soupe de ciboulette ciselée • sel fin • poivre blanc moulu • court-bouillon

Cuire les pommes de terre avec la peau pendant 30 min le soir précédant votre repas. Les laisser refroidir toute la nuit dans leur eau de cuisson pour que la couleur de la chair soit parfaitement violette. Les éplucher et les couper en rondelles régulières.

Couper les noix de Saint-Jacques en 4, les blanchir très rapidement dans un court-bouillon, les poser sur un papier absorbant.

Préparer la vinaigrette.

Chemiser un saladier avec les feuilles de roquette.

Mélanger les pommes de terre, les noix de Saint-Jacques et la vinaigrette dans un saladier à part et verser le tout dans le saladier de présentation.

Parsemer avec la ciboulette et servir.

# Salade de Saint-Jacques à la chicorée frisée et lardons

Pour 4 personnes

1 belle frisée fine de préférence • 120 g de poitrine fumée assez maigre • 12 noix de coquilles Saint-Jacques avec corail • 4 petites tranches de pain de mie • 2 gousses d'ail • 30 g de beurre • persil plat • 1 c. à soupe de vinaigre blanc • 4 c. à soupe d'huile de colza • sel fin • poivre du moulin

Préparer votre salade et réserver dans un récipient.

Couper les 12 noix de Saint-Jacques en 3 lames chacune.

Tailler les lardons régulièrement après avoir ôté la couenne. Les blanchir et rafraîchir. Poêler et réserver au chaud après les avoir égouttés.

Après écroûtage, couper les tranches de pain en petits dés réguliers. Les passer au beurre avec une gousse d'ail hachée finement. Bien dorer et réserver au chaud.

Préparer une vinaigrette avec le vinaigre blanc, l'huile de colza, 1 gousse d'ail, du sel et du poivre. Assaisonner la salade et la disposer sur les assiettes.

Dorer les noix de Saint-Jacques dans une poêle bien chaude avec 1 c. à soupe d'huile. Cuire sur une face pendant 1 min. Puis de nouveau 1 min sur l'autre face.

Disposer les noix de Saint-Jacques sur la salade, ajouter harmonieusement les lardons, les croûtons et les feuilles de persil plat.

Servir immédiatement.

# Brochettes de Saint-Jacques au romarin

Pour 4 personnes

16 noix de coquilles Saint-Jacques • 8 branches de romarin • 8 oignons grelots • 8 tomates cerises • 1 poivron rouge • 200 g de beurre • 1 gousse d'ail (facultative) • 2 branches d'estragon • sel • poivre du moulin • poivre de Cayenne

Gratter vos branches de romarin pour enlever l'écorce, les rincer et les réserver sur un torchon.

Blanchir les oignons et le poivron (pour le peler plus facilement) et les découper en dés réguliers (4 cm x 4 cm).

Embrocher alternativement les noix de Saint-Jacques (coupées en 2 si elles sont belles), les tomates, les oignons et le poivron. Saler et poivrer. Certains préconisent d'ajouter des lardons mais le goût du lard peut tuer les autres parfums.

Faire fondre le beurre en y ajoutant un peu de poivre de Cayenne et l'estragon haché (et l'ail si vous aimez).

Cuire les brochettes sur la braise ou le gril du four 2 min de chaque côté en surveillant bien. Présenter 2 brochettes se chevauchant sur chaque assiette et arroser de beurre. Servir.

# Saint-Jacques rôties au caviar d'aubergine et huile d'argan

Pour 4 personnes

12 noix de coquilles Saint-Jacques • 2 aubergines de 200 à 300 g bien fermes • 1 échalote • gousse d'ail • 30 cl d'huile d'olive • sel, poivre blanc moulu • 4 c. à café d'huile d'argan • 1 pointe de muscade • 4 pluches de cerfeuil

Laver et fendre les aubergines en 2. Ciseler les chairs en croisillons. Saler, poivrer, arroser d'huile d'olive, ajouter 1 pointe de muscade et mettre dans un plat en verre au four à 200 °C (th. 6-7) pendant 25 à 30 min. À l'aide d'une cuillère, récupérer les chairs.

Ou, deuxième formule : éplucher les aubergines crues, les couper en rondelles, assaisonner, envelopper dans un film alimentaire résistant et cuire à l'eau chaude pendant 20 min.

Faire suer l'échalote hachée finement et l'ail dans une casserole à fond épais. Ajouter la pulpe d'aubergines. Assaisonner et rendre ce mélange homogène en le remuant sans arrêt pendant 3 ou 4 min. Répartir votre préparation dans les assiettes.

Poêler les noix de Saint-Jacques et les disposer sur le caviar d'aubergine. Arroser avec l'huile d'argan et donner un tour de poivre du moulin. Poser au centre une pluche de cerfeuil et servir.

# Saint-Jacques dans son écrin à la julienne de poireaux

Pour 4 personnes

12 noix de coquilles Saint-Jacques avec corail (réserver 4 coquilles et 4 couvercles) • 3 beaux poireaux • 50 g d'échalotes • 1 citron • 150 g de beurre • sel • poivre • persil simple • 1 dl de fumet de poissons • 20 cl de crème liquide • 1 c. à soupe de farine

**Fumet de poissons :** 1 arête de sole avec tête • 1 tête de colin ou turbot • 1 verre de vin blanc sec • 1 l d'eau • 1 carotte • 1/2 poireau • 1 branche de céleri • 150 g de champignons de Paris • 1 bouquet garni • sel • poivre de Cayenne

Préparer le fumet de poissons à l'avance : émincer les légumes et les champignons. Les faire suer au beurre.

Ajouter le bouquet garni et les arêtes concassées. Faire suer pendant 10 min.

Ajouter le vin blanc et mouiller à hauteur avec l'eau. Faire cuire pendant 1 h.

Passer au chinois fin. Assaisonner et laisser refroidir.

Préparation finale : faire suer les poireaux à blanc dans du beurre. Mouiller avec le fumet. À part, faire revenir les échalotes, les faire légèrement colorer et les ajouter aux poireaux.

Monter le beurre avec le jus de citron et un peu de cuisson des poireaux. Ajouter la crème et verser le tout dans la première préparation.

Sur une plaque à four, disposer les 4 couvercles de Saint-Jacques côté blanc vers le haut. Faire une gomme avec la farine délayée à l'eau pour poser au milieu de chaque couvercle pour coller la coque qui va recevoir la préparation.

Montage : tapisser le fond de la coque avec un peu de poireaux ; disposer dessus les noix de Saint-Jacques coupées en rondelle. Recouvrir avec le reste de la préparation, fermer la coquille à l'aide d'un cordon de pâte brisée ou feuilletée collée au jaune d'œuf et cuire au four 5 min à 200 °C (th. 7-8).

Surmonter de 1 feuille de persil pour servir.

# Brouillade de langoustines et Saint-Jacques aux herbes potagères

Pour 4 personnes

8 œufs entiers • 8 noix de coquilles Saint-Jacques • 8 langoustines • 80 g de beurre • 50 g de crème liquide • 100 g de crème de langoustines • 2 g de persil • 2 g de ciboulette • 2 g de cerfeuil • sel • poivre

**Crème de langoustines** : 600 g de têtes et carcasses de langoustines crues • 4 pièces d'échalotes • 5 cl d'huile d'olive • 100 g de fenouil • 5 cl de cognac • 6 à 8 pièces de gousses d'ail • 1 l de crème liquide • 2 c. à soupe de concentré de tomates • badiane • coriandre • thym • poivre de Cayenne

À l'avance, préparer la crème de langoustines : faire revenir à feu vif les carcasses et têtes des langoustines avec l'huile d'olive.

Ajouter l'échalote et le fenouil émincés finement. Laisser suer. Verser ensuite l'ail écrasé, le concentré de tomates, 3 fleurs de badiane, 1/2 c. à moka de coriandre et 1 branche de thym. Remuer à la spatule.

Flamber au cognac et ajouter la crème. Saler légèrement et ajouter 1 pincée de poivre de Cayenne. Porter à ébullition et laisser frémir pendant environ 45 min.

Passer au chinois étamine et réduire si nécessaire jusqu'à la consistance souhaitée. Rectifier l'assaisonnement.

Mixer avant de servir.

Préparer la brouillade : casser les œufs dans une casserole. Saler et poivrer. Les fouetter sur le feu jusqu'à consistance granuleuse. Bloquer la cuisson en ajoutant le beurre puis la crème et les herbes. Débarrasser dans un saladier au bain-marie.

Couper les noix de Saint Jacques en 4 et les queues de langoustines. Les faire sauter ensemble à la poêle. Mouiller avec 100 g de crème de langoustines. Donner un bouillon. Dresser dans un premier temps les œufs en couronne autour de l'assiette et déposer ensuite au centre le ragoût de noix de Saint-Jacques et langoustines. Servir.

# Saint-Jacques dorées à la fondue d'endives, beurre d'amertume

Pour 4 personnes

8 noix de coquilles Saint-Jacques • 600 g d'endives • 2 échalotes • 1 jus de citron • 15 g de sucre • 150 g de beurre • 1 c. à soupe de ciboulette • sel • poivre blanc

Laver et tailler les endives en julienne. Dans une casserole antiadhésive, faire suer les échalotes dans 50 g de beurre. Ajouter les endives, le sucre et le jus de citron. Saler, poivrer. Faire suer à couvert 15 min. Égoutter et récupérer le jus dans une casserole.

Remettre les endives à feu doux dans la casserole antiadhésive pour les colorer.

Monter le jus avec 100 g de beurre. Mixer énergiquement.

Poêler les noix de Saint-Jacques préalablement coupées en 2 et les disposer autour du dôme d'endives. Arroser les noix avec la sauce et saupoudrer de ciboulette.

# Saint-Jacques à la diable en habit vert

Pour 4 personnes

12 noix de coquilles Saint-Jacques • 36 feuilles d'épinards • 3 dl de vin blanc ou vinaigre • 3 c. d'échalotes hachées • 2 dl de fond de veau • 1 c. à café de concentré de tomates • 1 c. à soupe de moutarde • 1 c. d'huile d'olive (pour lustrer) • 60 g de beurre • sel • poivre de Cayenne

Trancher les noix de Saint-Jacques en 2. Saler et poivrer.

Blanchir les feuilles d'épinards. Rafraîchir et égoutter. Envelopper chaque noix de Saint-Jacques avec ces dernières et les disposer dans un couscoussier, en attente.

Préparer la sauce : faire réduire le vin blanc (ou le vinaigre) et les échalotes à 80 %. Ajouter le fond de veau, la moutarde, le concentré de tomates. Relever fortement avec le poivre de Cayenne et le sel.

Ajouter le beurre et mixer.

Cuire les noix de Saint-Jacques à la vapeur 3 min.

Napper le fond des assiettes. Disposer les noix de Saint-Jacques et lustrer les feuilles d'épinards avec l'huile. Servir.

# Pressé de Saint-Jacques et langoustines aux haricots verts

Pour 4 personnes

8 noix de coquilles Saint-Jacques • 16 langoustines • 500 g de haricots verts • 200 g de consommé de crustacés • 6 feuilles de gélatine • 2 tomates Roma • 1 c. à soupe de ketchup • 1 trait de Worcestershire sauce • 3 gouttes de Tabasco® • 1 branche d'estragon • 1/2 gousse d'ail • 2 feuilles de basilic • sel • poivre

Préparer le consommé de crustacés à l'avance : faire revenir dans une grande casserole avec l'huile d'olive les carcasses de crustacés de votre choix que vous aurez préalablement concassées.

Ajouter la garniture aromatique : les carottes, le poireau et le fenouil, tous émincés, l'ail concassé. Faire suer une dizaine de minutes.

Ajouter le vin blanc, le vinaigre, l'estragon haché ainsi que les épices. Mouillez à hauteur avec l'eau et assaisonner légèrement. Laisser cuire 1 h à 1 h 30 à feu doux.

Passer ensuite le bouillon à l'aide d'un chinois et laisser refroidir environ 1 h.

Fouetter les blancs d'œufs dans un saladier (sans les monter) et les ajouter dans le bouillon encore tiède. Mélanger et porter de nouveau à ébullition tout doucement. Les blancs ajoutés vont en quelque sorte emprisonner les impuretés du bouillon qui va devenir complètement limpide.

Passer ensuite avec beaucoup de précaution le consommé à travers un linge très fin.

Faire cuire les langoustines : tailler les carottes et les oignons en fines rondelles.

Confectionner le bouquet garni avec le poireau, le persil, le thym et le laurier.

Porter à ébullition l'eau, le vinaigre, le vin blanc et le poivre en grains. Ajouter les légumes et le bouquet garni, saler et laisser cuire 15 min environ. Au bout de ce temps, ajouter les langoustines et les faire cuire 3 min. Décortiquer. Seules les queues entrent dans la recette. Les fendre en 2 dans le sens de la longueur et retirer l'intestin.

**Consommé de crustacés :** 1 kg de langoustines glacées ou 1 kg d'étrilles ou 1 kg de homard • 200 g de blancs d'œuf • 5 cl d'huile d'olive • coriandre • badiane • 1/2 botte d'estragon • 2 carottes • 5 cl de vinaigre blanc • 1 poireau • 50 cl de vin blanc • 8 gousses d'ail • 1/2 bulbe de fenouil

**Court-bouillon** : 1 poireau • 2 carottes • 2 oignons • 1/2 l de vin blanc • 10 cl de vinaigre • thym • laurier • persil • 1 l d'eau • poivre en grains

Préparation finale : cuire les haricots verts à l'eau bouillante salée. Les rafraîchir et bien les égoutter. Pocher les Saint-Jacques dans le consommé. Les retirer et ajouter au consommé les feuilles de gélatine préalablement ramollies dans l'eau ainsi que l'estragon haché.

Chemiser un moule à terrine avec du film alimentaire. Verser 3 ou 4 c. à soupe de consommé puis procéder au montage couche après couche : haricots verts, queues des langoustines, noix de Saint-Jacques, etc., jusqu'en haut. Verser le reste du consommé. Poser une petite presse sur le dessus avec un poids de 200 g. Réserver au froid une nuit.

Monder et épépiner les tomates. Les mettre dans un mixeur avec l'assaisonnement : ail, basilic, ketchup, Worcestershire sauce, Tabasco®, etc. Vous devez obtenir un coulis épais et rouge vif.

Démouler votre terrine en gardant le film pendant la coupe des tranches.

Disposer sur les assiettes froides. Ajouter 1 ou 2 c. de sauce et une feuille de salade de saison.

# Saint-Jacques en robe d'endives, jus de veau à l'orange

Pour 4 personnes

12 noix de coquilles Saint-Jacques • 2 endives • 1 jus de citron • 150 g de sucre • 100 g de jus de veau lié • 1 orange non traitée • 1 citron non traité • 5 cl de vinaigre de vin ou coloré • 50 g de beurre salé • sel • poivre de Cayenne

**Matériel** : piques en bois

Blanchir les endives dans l'eau bouillante salée et citronnée dans laquelle on aura ajouté 50 g de sucre. Cuire 10 min à peine. Les rafraîchir, éponger. Pratiquer des petites incisions pour que les endives ne bougent pas à la poêle.

Saler et poivrer les noix de Saint-Jacques puis les rouler dans les feuilles d'endives. Les tenir avec une pique en bois.

Pour la sauce, laver et peler l'orange et le citron. Tailler les zestes et les blanchir. Les mettre ensuite dans une casserole avec 100 g de sucre et un verre d'eau. Faire cuire jusqu'à ce que cela devienne un caramel blond. Déglacer avec le vinaigre et le jus des agrumes qui auront été pressés. Ajouter le fond de veau. Rectifier l'assaisonnement et monter au beurre salé.

Colorer les noix de Saint-Jacques, les dresser au centre des assiettes et retirer les piques en bois. Ajouter le cordon de sauce et servir.

# Parmentier de Saint-Jacques aux chips de salsifis

Pour 4 personnes

500 g de pommes de terre bintje • 8 noix de coquilles Saint-Jacques • 150 g de crème liquide • 150 g de beurre • 2 salsifis • 1 c. de gruyère râpé • parmesan ou emmental • sel • poivre • 1 tomate • 1 courgette • 1 gousse d'ail • 2 branches de persil • bain de friture

Faire tremper les salsifis 1 h dans l'eau fraîche. Les brosser vivement. Couper les extrémités et les trancher à la mandoline (en mettant des gants !) dans le sens de la longueur. Les fariner légèrement et les tremper dans un bain de friture à 180 °C (th. 6). Sortir les chips croquantes mais les plus blanches possible. Réserver.

Cuire les pommes de terre. Les peler. Faire chauffer 80 g de crème et 50 g de beurre. Passer au moulin à légumes. Saler et poivrer après avoir mélangé. Réserver au chaud.

Couper la courgette en petits cubes avec la peau. Les blanchir puis rafraîchir. Faire de même avec la tomate après l'avoir mondée.

Tailler les noix de Saint-Jacques de la même façon. Faire sauter le tout à la poêle avec l'ail haché et le persil.

Pour la sauce, faire bouillir le reste de la crème. Assaisonner et ajouter le reste du beurre et la chair de la tomate. Mixer et passer au tamis. Réserver au chaud.

Beurrer un plat carré en porcelaine ou en terre. Déposer une couche de purée puis une couche de préparation. Une nouvelle fois de la purée puis préparation. Terminer par la purée. Parsemer de gruyère. Passer sous le gril 4 min. Planter les chips de salsifis dans la purée et servir le tout accompagné de la sauce.

# Lasagne de Saint-Jacques aux épinards

Pour 4 personnes

12 noix de coquilles Saint-Jacques • 1 kg d'épinards frais • 4 tranches de jambon de Parme • 4 feuilles de pâte à nouilles • 1 c. à soupe d'échalotes • 100 g de beurre • 30 g de farine • 1/2 l de lait • 50 g de parmesan râpé • muscade • sel • poivre

Laver les épinards, les blanchir à l'eau salée et rafraîchir aussitôt pour garder la chlorophylle. Égoutter en pressant. Faire suer les échalotes dans 70 g de beurre, y ajouter les épinards, la pointe de muscade, sel et poivre.

Cuire les feuilles de pâte à nouilles et les éponger.

Préparer une béchamel avec 30 g de beurre, 30 g de farine et le lait. Assaisonner généreusement. Si vous avez mis la muscade dans les épinards, ne pas en remettre dans la béchamel.

Beurrer un plat à gratin. Superposer une feuille de pâte puis le jambon, les épinards, les noix de Saint-Jacques coupées en lamelles et la sauce béchamel. Recommencer jusqu'à remplir le plat et terminer par une couche de béchamel. Parsemer de fromage et passer au four à 200 °C (th. 6-7) pendant 20 min. Servir.

# Aumônière de Saint-jacques à la julienne de légumes

Pour 4 personnes

8 noix de coquilles Saint-Jacques • 4 feuilles de brick • 4 tranches fines de jambon de Parme ou autre jambon sec • 80 g de haricots verts • 50 g de pois gourmands • 50 g de navet nouveau (soit 1 navet) • 3 carottes (2 pour le beurre) • 8 asperges • 1 brin d'aneth • 1 c. de cerfeuil haché • 150 g de beurre clarifié • 80 g de beurre frais coupé en petits cubes • 3 graines de cumin • 1 poireau ou 4 petites pinces à linge en bois • sel • poivre

Blanchir les lanières de poireau et les éponger.

Éplucher les carottes et les laver. En passer 2 à la centrifugeuse et réserver ce jus de carotte dans une petite casserole. Éplucher tous les autres légumes et les tailler en julienne sauf les pointes d'asperges. Blanchir le tout 8 min. Égoutter et ensuite suer avec 20 g de beurre dans une autre casserole. Saler, poivrer et ajouter le cerfeuil haché. Remuer avec une fourchette délicatement et réserver au frais.

Poêler les noix de Saint-Jacques coupées en 2 dans une poêle à peine graissée sur un seul côté. Retirer sur une assiette.

Montage : poser les feuilles de brick sur une plaque antiadhésive et les humecter au beurre clarifié. Déposer au centre 1 tranche de jambon puis la julienne et ensuite les Saint-Jacques. Refermer la brick en formant une aumônière et nouer avec la lanière de poireaux ou avec les petites pinces à linge. Mettre au four sur une plaque environ 15 min à 180 °C (th. 6).

Pendant ce temps, faire bouillir le jus de carotte avec les graines de cumin, sel et poivre. Ajouter en fouettant les 60 g de beurre cru restant. Passer au mixeur à potage.

Verser cette sauce au fond de chaque assiette. Poser l'aumônière au centre. 2 pointes d'asperges par assiette et 1 brin d'aneth. Servir.

# Aumonière de Saint-Jacques à la julienne de racines, parfum de gingembre et jus de crustacés

Pour 4 personnes

8 noix de coquilles Saint-Jacques • 4 feuilles de brick • 1 branche d'estragon • 20 g de gingembre • 1 carotte • 1 poireau • 100 g de céleri • 1 gousse d'ail • 1 échalote • 4 feuilles de basilic • 150 g de consommé de crustacés • 100 g de beurre clarifié • 4 petites escalopes de saumon frais (60 g)

**Consommé de crustacés :** 1 kg de langoustines glacées ou 1 kg d'étrilles ou 1 kg de homard • 200 g de blancs d'œuf • 5 cl d'huile d'olive • coriandre • badiane • 1/2 botte d'estragon • 2 carottes • 5 cl de vinaigre blanc • 1 poireau • 50 cl de vin blanc • 8 gousses d'ail • 1/2 bulbe de fenouil

Préparer le consommé de crustacés à l'avance : faire revenir dans une grande casserole avec l'huile d'olive les carcasses de crustacés de votre choix que vous aurez préalablement concassées. Ajouter la garniture aromatique à savoir : les carottes, le poireau et le fenouil, tous émincés, l'ail concassé. Faire suer une dizaine de minutes. Ajouter le vin blanc, le vinaigre, l'estragon haché ainsi que les épices. Mouiller à hauteur avec l'eau et assaisonner légèrement. Laisser cuire 1 h à 1 h 30 à feu doux. Passer ensuite le bouillon à l'aide d'un chinois et laisser refroidir environ 1 h. Fouetter les blancs d'œufs dans un saladier (sans les monter) et les ajouter dans le bouillon encore tiède. Mélanger et porter de nouveau à ébullition tout doucement. Les blancs ajoutés vont en quelque sorte emprisonner les impuretés du bouillon qui va devenir complètement limpide. Passer ensuite avec beaucoup de précaution le consommé à travers un linge très fin.

Préparer les aumônières de Saint-Jacques : tailler une fine julienne avec la carotte, 1/2 poireau, le céleri et le gingembre. Faire suer au beurre l'échalote puis la julienne avec 1 gousse d'ail pelée. Retirer cette dernière. Refroidir, égoutter et ajouter basilic et estragon ciselés. Blanchir l'enveloppe du 1/2 poireau restant pour y tailler des lanières.

Disposer les feuilles de brick sur une plaque antiadhésive et les humecter au beurre clarifié. Déposer au centre une petite escalope de saumon puis la julienne et ensuite les Saint-Jacques. Refermer la brick en formant une aumônière et nouer avec la lanière de poireaux. Passer au four environ 15 min jusqu'à obtenir une belle couleur blonde.

Entourer d'un cordon de consommé de crustacés préalablement réchauffé.

# Aumônière de Saint-Jacques au chou émincé et lardons

Pour 4 personnes

8 noix de coquilles Saint-Jacques • 4 feuilles de brick • 1/2 chou frisé • 1 poireau • 60 g de lardons fumés • 8 tranches fines de poitrine de porc fraîche (les faire couper au trancheur à jambon par le boucher) • 150 g de beurre blanc • 1 c. à café de persil haché • 1 c. d'oignon haché • 180 g de beurre clarifié • 50 g de beurre • sel • poivre

**Beurre blanc :** 30 cl de vin blanc • 3 échalotes • 250 g de beurre demi-sel • 1 trait de vinaigre (facultatif) • 10 cl de crème liquide

Préparer le beurre blanc : faire réduire les échalotes finement hachées et le vin blanc des deux tiers. Ajouter la crème liquide et porter à ébullition 1 min. Hors du feu, mixer à l'aide d'un mixer à potage dans la casserole et ajouter le beurre (fondu à part) petit à petit.

Peut se garder au chaud dans une Thermos préalablement rincée à l'eau très chaude.

Préparation finale : émincer finement le chou, le laver et le blanchir dans l'eau bouillante salée pendant 5 min. Égoutter.

Dans une casserole, mettre 50 g de beurre. Faire fondre et ajouter la cuillerée d'oignon et laisser suer 4 min. Ajouter le chou.

Blanchir 4 lanières de poireau qui serviront de cordons pour les aumônières, bien les éponger.

Dans une poêle, faire dorer les lardons à sec 1 min. Égoutter et les ajouter au chou. Saler et poivrer selon votre goût (attention pour le sel !). Remuer de temps en temps. 2 minutes avant de retirer du feu, ajouter le persil et laisser compoter 10 min. Réserver au froid.

Dans une poêle légèrement beurrée, saisir les noix de Saint-Jacques sur un seul côté. Assaisonner. Les couper en 2 et les retirer sur une assiette.

Montage : étaler les feuilles de brick sur un plan de travail Inox ou un plateau pour ne pas trop graisser votre cuisine. À l'aide d'un pinceau, les badigeonner de beurre clarifié puis, au milieu de chacune des feuilles, disposer 2 tranches fines de lard. Poser le chou sur le lard puis les noix de Saint-Jacques et refermer les bricks en les pinçant pour en faire une aumônière que l'on resserrera avec un cordon de poireau. Mettre sur une plaque au four 15 min à 180 °C (th. 6) en surveillant.

Dresser sur chaque assiette et entourer d'un trait de beurre blanc.

# Aumônière de Saint-Jacques aux épinards

Pour 4 personnes

8 noix de coquilles Saint-Jacques • 4 feuilles de brick • 1 poireau • 600 g d'épinards frais • 10 cl de crème • 1 échalote hachée • 1 pointe de noix de muscade • 50 g de beurre • 150 g de beurre clarifié • 1 salade frisée fine • 4 fines tranches de lieu fumé ou d'espadon • sel • poivre

**Vinaigrette :** • 1 c. de vinaigre de Xérès • 3 c. d'huile de pépins de raisin (vinaigrette) • 1/2 gousse d'ail hachée

Équeuter, laver et blanchir les épinards (auparavant, réserver 4 belles feuilles crues). Blanchir 4 lanières de poireau et bien les éponger. Réserver.

Faire fondre le beurre dans une casserole. Ajouter l'échalote et faire suer 3 min. Puis, mettre les noix de Saint-Jacques coupées chacune en 8 grossièrement. Remuer, ajouter la crème, la noix de muscade et laisser cuire 2 min. Mettre les épinards, saler et poivrer. Mélanger et réserver au froid.

Montage : étaler les feuilles de brick sur un plan de travail Inox ou un plateau pour ne pas trop graisser votre cuisine. À l'aide d'un pinceau, les badigeonner de beurre clarifié puis, au milieu de chacune, disposer 1 feuille d'épinard puis 1 tranche de lieu fumé (ou espadon) et enfin la préparation. Fermer en aumônière avec 1 lanière de poireau. Poser sur une plaque et mettre au four 15 min à 180 °C (th. 6).

Pendant ce temps, préparer la salade avec la vinaigrette et la 1/2 gousse d'ail hachée finement. Mélanger et disposer sur chaque assiette puis poser les aumônières au centre. Servir.

# Surprise de Saint-Jacques au coulis de chou-fleur

Pour 4 personnes

8 noix de coquilles Saint-Jacques • 80 g de truffe noire • 1 oignon • 1/2 chou-fleur • 2 dl de lait • Huile de noix • 1 dl de crème fleurette • sel • poivre blanc • muscade

**Matériel :** 4 gazes médicales

Hacher les noix de Saint-Jacques. Assaisonner avec sel et poivre.

Hacher les truffes très finement.

Disposer sur chaque gaze un quart des truffes. Étaler en formant un rond de 6 cm environ. Disposer dessus les noix de Saint-Jacques hachées. Refermer la gaze en tournant et serrant très fort. Réserver 1 h au froid.

Dans une casserole, faire suer l'oignon sans coloration. Ajouter le chou-fleur. Mouiller avec le lait. Saler et poivrer et ajouter 1 pointe de muscade. Laisser cuire à couvert et doucement 20 min. Mixer puis mettre la crème. Passer au chinois ou à l'étamine. Réserver au bain-marie.

Cuire les coquilles emmaillotées de truffe à la vapeur environ 10 min. Verser votre coulis de chou-fleur dans des assiettes creuses. Démailloter les noix de Saint-Jacques aux truffes et les poser au centre. Tirer un filet d'huile de noix à la volée. Servir.

Cette recette peut se décliner à l'infini : surprises de Saint Jacques aux graines de sésame grillées et sauce américaine, surprise de Saint-Jacques, pistaches hachées et coulis de tomates, surprise de Saint-Jacques, peau de bar écaillée et crème d'asperges…

# Saint-Jacques dorées au sautoir, verjus, chips d'artichauts et cocos paimpolais

Pour 4 personnes

12 noix de coquilles Saint-Jacques • 2 artichauts • 100 g de cocos paimpolais (haricots mi-secs) • 20 cl de verjus • 150 g de beurre • 1 c. à soupe d'échalotes ciselées • 50 g d'oignons • 50 g de carottes • 1/2 gousse d'ail • 1 c. à café de ciboulette • 100 g de sucre en poudre • sel • poivre du moulin • 50 g de beurre • 1 bouquet garni • le jus d'un citron • bain de friture

Cuire les haricots à l'ancienne en mirepoix de carottes, oignons, ail, bouquet garni, 1 noix de beurre dans un fond blanc ou eau et assaisonner en fin de cuisson. Réserver au chaud.

Pour la sauce : faire réduire les échalotes ciselées avec le verjus et le sucre. Ajouter le beurre, fouetter énergiquement, passer au chinois et réserver au chaud.

Effeuiller les artichauts et tourner les fonds, ôter le foin et découper le fond en chips avec une mandoline. Les blanchir dans une eau citronnée, égoutter et éponger, puis les frire dans un bain à 180 °C. Égoutter et saler.

Poêler les noix de Saint-Jacques dans le beurre fondu. Les disposer au centre de l'assiette. Napper de sauce et entourer de quelques cocos. Disposer 2 chips d'artichauts sur la coquille et parsemer de ciboulette fraîchement ciselée. Servir.

# Gratinée de Saint-Jacques et fenouil au parmesan

Pour 4 personnes

12 noix de coquilles Saint-Jacques • 2 bulbes de fenouil (600 g) • 1 c. de persil plat • 1 pincée d'aneth hachée • 200 g de velouté de poissons • 50 g de crème • 80 g de parmesan • • 1 jus de citron • huile d'olive • sel • poivre et muscade

**Velouté de poissons :** 1 arête de sole avec tête • 1 tête de colin ou turbot • 1 verre de vin blanc sec • 1 l d'eau • 1 carotte • 1/2 poireau • 1 branche de céleri • 150 g de champignons de Paris • 1 bouquet garni • 250 g de crème fleurette • Maïzena® • sel • poivre de Cayenne

Préparer le velouté de poissons à l'avance : émincer les légumes et les champignons. Les faire suer au beurre. Ajouter le bouquet garni et les arêtes concassées. Faire suer pendant 10 min.

Ajouter le vin blanc et mouiller à hauteur avec l'eau. Faire cuire pendant 1 h.

Passer au chinois fin. Remettre sur le feu. Incorporer la crème fleurette et un peu de Maïzena® afin de lier la préparation. Assaisonner et laisser refroidir.

Préparation finale : émincer le fenouil le plus fin possible. Le mettre dans une casserole avec le jus de citron, sel, poivre, 1 pointe de muscade et l'huile d'olive. Mouiller à hauteur et couvrir avec un papier sulfurisé. Faire cuire à feu doux 40 min. Égoutter, réserver le fenouil, récupérer le jus, ajouter 1 c. à soupe de persil plat et faire réduire pour arriver à 1 dl. Ajouter 200 g de velouté. Donner un bouillon, crémer et mettre la moitié du parmesan. Mixer. Réserver au chaud.

Étaler le fenouil au fond d'un plat à gratin avec l'aneth hachée. Poêler les noix de Saint-Jacques 1 min de chaque côté dans un peu d'huile. Les disposer ensuite sur le fenouil et napper de velouté. Parsemer le reste de parmesan et passer sous le gril pendant 5 min avant de servir.

# Saint-Jacques rôties au sautoir, verjus et tomates séchées au basilic

Pour 4 personnes

12 noix de coquilles Saint-Jacques • 3 tomates Roma de préférence • 3 échalotes grises • 20 cl de verjus • 20 g de sucre semoule • 1 gousse d'ail • 4 feuilles de basilic • sel • poivre de Cayenne • 10 cl d'huile d'olive ou 5 cl de beurre clarifié • 4 cèpes bouchons (facultatif) • 100 g de beurre

Monder et épépiner les tomates, les éponger. Les couper en quartiers, les arroser à l'huile d'olive, sel, poivre, ail et basilic finement hachés. Les ranger sur une plaque antiadhésive et faire sécher au four 2 h à 90 °C (th. 3).

Faire réduire le verjus avec les échalotes ciselées et le sucre. Ajouter le beurre en petits cubes. Monter à ébullition en fouettant énergiquement. Passer au chinois étamine puis réserver.

Saisir vivement les noix de Saint-Jacques à la poêle au beurre clarifié ou à l'huile d'olive ainsi que les tranches de cèpes.

Dresser en alternant 1 noix de Saint-Jacques avec 1 tomate séchée. Napper de sauce. Décorer avec 1 cœur de basilic.

# Saint-Jacques juste raidies en salade de chou-fleur et persillade de brocolis

Pour 4 personnes

12 noix de coquilles Saint-Jacques • 1 petit chou-fleur • 1 tête de brocolis ou de romanesco • 8 g d'agar-agar (poudre d'algue) • 1 c. à soupe d'huile de noisette • 2 c. à soupe de vinaigre de cidre • gros sel • 4 belles branches de cerfeuil • 2 c. à soupe d'huile d'olive • bouillon de poule (facultatif) • sel • poivre du moulin

Séparer les inflorescences du chou-fleur, les blanchir, égoutter et redémarrer la cuisson à l'eau salée (ou dans un bouillon de poule). Égoutter le chou-fleur en conservant l'eau de cuisson et réserver. Prélever 350 g de jus de cuisson du chou-fleur, y ajouter 4 g d'agar-agar et faire bouillir. Remettre le chou-fleur (environ 250 g) dans cette préparation et verser le tout dans un moule à manquer carré de préférence, jusqu'à 1/2 cm du bord. Mettre au réfrigérateur aussitôt.

À l'aide d'une mandoline, râper à cru la tête de brocolis puis blanchir cette semoule, la rafraîchir aussitôt, l'égoutter et la mélanger avec 100 g de bouillon collé restant. Verser le tout sur le premier gâteau. Étaler le mélange à la spatule « en tremblant » afin d'éviter la formation de bulles d'air. Laisser prendre au réfrigérateur 2 h. Préparer une vinaigrette avec l'huile de noisette, le vinaigre de cidre, du sel et du poivre.

Couper 4 rectangles dans la terrine de chou-fleur. Positionner sur les assiettes.

Inciser les noix de Saint-Jacques sur le dessus. Les faire dorer à la poêle en commençant par le côté incisé. Assaisonner.

Dresser et répartir la vinaigrette autour de la préparation. Décorer avec les branches de cerfeuil.

# Tourte de Saint-Jacques et turbot aux pommes de terre, crème de pois de jardin

Pour 4 personnes

12 noix de coquilles Saint-Jacques • 500 g de pâte brisée • 150 g de filet de turbot • 1 pomme de terre à chair ferme • 2 œufs • 150 g de crème • 1 c. à soupe d'œufs de homard cru ou 15 g de foie de rouget (si vous connaissez bien votre poissonnier) • 2 feuilles de blettes • 1 c. de ciboulette • sel • poivre de Cayenne

**Crème de pois :** 50 g de beurre • 60 g d'oignons nouveaux • 150 g de pois écossés • bouillon de volaille clair • sel • poivre • sucre • 1 dl de crème • 2 feuilles de menthe

Étaler la pâte brisée en 2 abaisses rondes. Tapisser le moule ou le cercle de 16 cm de diamètre avec la première. Après avoir blanchi, rafraîchi et épongé vos feuilles de blettes, en poser une au fond de la pâte.

Après avoir cuit la pomme de terre en robe des champs, la couper en petits cubes de la grosseur d'une demi-noix de Saint-Jacques. Les rouler dans la ciboulette.

Préparer une mousse en mixant la moitié des noix de Saint-Jacques, un œuf, une 1/2 c. d'œufs de homard. Ajouter la crème. Rectifier l'assaisonnement. Napper le fond de la tourte avec une partie de la mousse. Poser le filet de turbot dessus.

Mélanger le reste de la mousse avec les noix de Saint-Jacques restantes préalablement coupées en 2. Ajouter les pommes de terre et les œufs de homard. Finir de garnir la tourte.

Recouvrir avec la deuxième feuille de blette et fermer le tout avec le deuxième cercle de pâte en prenant soin de lustrer le rebord de la première avec du jaune d'œuf.

Chiqueter le contour et lustrer l'ensemble du couvercle. S'il reste de la pâte, tailler des petits décors à votre imagination pour poser sur le couvercle, ou tirer des marques avec la pointe d'un couteau. Enfourner à 170 °C (th. 6) pendant 40 min.

Vous pouvez accompagner ce plat d'une crème légère de pois de jardin en procédant comme suit : dans une petite casserole, faire suer au beurre 60 g d'oignons nouveaux. Ajouter 150 g de pois nouveaux frais. Mouiller à hauteur avec un bouillon de volaille clair. Saler et poivrer et jeter 1 c. de sucre. Cuire 5 min. Mixer et crémer. Passer le tout au tamis. Ajouter 2 feuilles de menthe ciselées finement. Servir dans une saucière.

# Tarte de cheveux d'anges aux Saint-Jacques et crème d'oignons rouges

Pour 4 personnes

12 noix de coquilles Saint-Jacques • 500 g de bouillon de volaille • 200 g de vermicelles • 2 œufs • 3 oignons rouges • 100 g de beurre • 1 c. à soupe de ciboulette • 1 jus de citron • 100 g de pâte à beignet • 1 poivron rouge • 1 petite betterave • 20 cl crème liquide • sel • poivre de Cayenne • muscade

**Pâte à beignets :** 210 g de farine • 1 dl de lait • 3 dl de bière • 12 g de sel fin • 3 g de poivre • 44 g de levure • 1 pointe d'ail confit

Cuire le vermicelle dans le bouillon de volaille. Lorsqu'il est cuit, retirer la casserole du feu, couvrir la casserole et laisser gonfler les vermicelles.

Émincer les oignons en réservant 4 belles rondelles. Faire suer dans 100 g de beurre sans coloration pendant 30 min. Passer la betterave à la centrifugeuse et mouiller les oignons avec le jus de betterave et la crème liquide. Assaisonner de sel, de poivre et de muscade. Mixer, tamiser et réserver au bain-marie.

Hacher les noix de Saint-Jacques. Saler, ajouter 1 pointe de poivre de Cayenne, la ciboulette et le jus de citron. Réserver.

Préchauffer le four à 200 °C. Dans un cul de poule, battre les œufs avec 1 pointe de muscade. Ajouter les vermicelles gonflés et froids. Goutter et répartir cet appareil dans 4 poêles à blinis ou dans 4 petits moules à tarte. Démarrer la cuisson sur le feu pour colorer le fond et finir au four pendant 15 min.

Blanchir le poivron, le monder et découper 4 cercles de 4 cm. Les faire étuver à feu très doux. Retirer les poêles du four et démouler les galets sur une plaque allant au four. Tartiner chacun avec la préparation de noix de Saint-Jacques. Poser le rond de poivron au milieu et passer au four 5 min.

Faire chauffer un petit bain d'huile. Fariner vos rondelles d'oignons, les tremper dans la pâte à frire et les jeter dans l'huile très chaude. Les retirer lorsqu'elles sont de couleur blonde. Égoutter.

Dresser vos tartes sur le centre des assiettes. Mettre le cordon de sauce et surmonter la préparation avec l'oignon.

# Cake
# aux tomates
# et Saint-Jacques

Pour 4 personnes

8 noix de coquilles Saint-Jacques • 125 g de farine • 1/2 sachet de levure chimique • 50 g de beurre • 3 œufs • 10 g de sel • 1 citron • 5 g de basilic frais • 120 g de tomates séchées • 40 g de poivrons rouges et jaunes

**Court-bouillon** : 1 poireau • 2 carottes • 2 oignons • 1/2 l de vin blanc • 10 cl de vinaigre • thym • laurier, persil • 1 l d'eau • poivre en grains

Préparer le court-bouillon : couper les carottes et les oignons en fines rondelles. Confectionner le bouquet garni avec le poireau, le persil, le thym et le laurier.

Porter à ébullition l'eau, le vinaigre, le vin blanc et le poivre en grains. Ajouter les carottes, les oignons, les herbes aromatiques. Saler et laisser cuire environ 15 min.

Préparation finale : préchauffer le four à 160 °C (th. 5-6).

Pocher les noix de Saint-Jacques 15 secondes dans le court-bouillon et les couper en 4. Réserver au froid.

Mélanger au batteur à bras simple ou à l'aide d'une cuillère en bois les œufs, la farine, la levure, le sel, le jus de citron et le beurre fondu.

Ajouter les tomates séchées, le basilic frais en julienne, les poivrons éventuellement pelés et coupés en lanières, et les Saint-Jacques.

Verser la préparation dans un moule à cake beurré et fariné. Cuire au four à 170 °C (th. 6) pendant 30 min.

# Cake aux artichauts et Saint-Jacques

Pour 4 personnes

8 noix de coquilles Saint-Jacques • 125 g de farine • 1/2 sachet de levure chimique • 50 g de beurre • 3 œufs • 10 g de sel • 1 citron • 5 g d'estragon et ciboulette • 140 g de fonds d'artichauts cuits • 20 g de tomates séchées

**Court-bouillon** : 1 poireau • 2 carottes • 2 oignons • 1/2 l de vin blanc • 10 cl de vinaigre • thym • laurier, persil • 1 l d'eau • poivre en grains

Préparer le court-bouillon : couper les carottes et les oignons en fines rondelles.

Confectionner le bouquet garni avec le poireau, le persil, le thym et le laurier.

Porter à ébullition l'eau, le vinaigre, le vin blanc et le poivre en grains. Ajouter les carottes, les oignons, les herbes aromatiques. Saler et laisser cuire environ 15 min.

Préparation finale : préchauffer le four à 160 °C (th.5-6).

Pocher les noix de Saint-Jacques dans le court-bouillon pendant 15 s. Les couper en 4. Réserver au froid.

Mélanger au batteur à bras simple ou à l'aide d'une cuillère en bois les œufs, la farine, la levure, le sel, le jus de citron et le beurre fondu. Ajouter les fonds d'artichauts taillés en bâtonnets, les tomates, l'estragon, la ciboulette et les noix de Saint-Jacques.

Verser dans un moule à cake beurré et fariné. Cuire au four à 170 °C (th. 5-6) pendant 30 min.

# Gratin de Saint-Jacques aux épinards et bigorneaux

Pour 4 personnes

12 noix de coquilles Saint-Jacques • 1 kg de bigorneaux • 600 g d'épinards • 3 dl de velouté de poissons • 2 jaunes d'œufs • 5 cl de crème • 5 cl de vinaigre blanc • 100 g de gruyère râpé • sel • poivre • muscade. • 1 noix de beurre • 1 gousse d'ail • 1 c. d'huile neutre

**Velouté de poissons** : 1 arête de sole avec tête • 1 tête de colin ou turbot • 1 verre de vin blanc sec • 1 l d'eau • 1 carotte • 1/2 poireau • 1 branche de céleri • 150 g de champignons de Paris • 1 bouquet garni • 250 g de crème fleurette • Maïzena® • sel • poivre de Cayenne

Préparer le velouté de poissons à l'avance : émincer les légumes et les champignons. Les faire suer au beurre. Ajouter le bouquet garni et les arêtes concassées. Faire suer pendant 10 min.

Ajouter le vin blanc et mouiller à hauteur avec l'eau. Faire cuire pendant 1 h.

Passer au chinois fin. Remettre sur le feu. Incorporer la crème fleurette et un peu de Maïzena® afin de lier la préparation. Assaisonner et laisser refroidir.

Préparation finale : préchauffer le four à 200 °C (th. 6-7). Couper les noix de Saint-Jacques en tranches fines. Les sauter à la poêle dans un peu d'huile d'olive. Réserver. Cuire les bigorneaux à l'eau salée vinaigrée. Laisser refroidir et décortiquer en veillant à retirer l'opercule qui ferme la coquille. Réserver.

Laver et cuire les épinards à l'étouffée à sec avec 1 noix de beurre et 1 pointe d'ail. Les égoutter.

Chauffer le velouté et ajouter la crème, la muscade et les jaunes d'œufs. Mixer.

Mélanger ensuite les épinards, les noix de Saint-Jacques, les bigorneaux et la moitié du fromage. Mettre la préparation dans un moule à gratin. Saupoudrer avec le reste de fromage. Passer 15 min au four.

Cette recette peut se décliner avec des pommes de terre ou du céleri.

# Pressé aux tomates séchées

Pour 4 personnes

12 noix de coquilles Saint-Jacques • 500 g de tomates Roma bien mûres • 1 blanc de poireau • 2 gousses d'ail • 1 c. de basilic haché + 4 cœurs • 1 dl de consommé de homard • 3 feuilles de gélatine • 1 dl d'huile d'olive • 1 c. de vinaigre balsamique • 3 c. d'huile de colza • sel • poivre • curry

**Consommé de homard :** 1 kg de homard • 200 g de blancs d'œuf • 5 cl d'huile d'olive • coriandre • badiane • 1/2 botte d'estragon • 2 carottes • 5 cl de vinaigre blanc • 1 poireau • 50 cl de vin blanc • 8 gousses d'ail • 1/2 bulbe de fenouil

Préparer le consommé de homard à l'avance : faire revenir dans une grande casserole avec l'huile d'olive les carcasses de homard préalablement concassées. Ajouter la garniture aromatique (les carottes, le poireau et le fenouil émincés, l'ail concassé). Faire suer une dizaine de minutes. Ajouter le vin blanc, le vinaigre, l'estragon haché ainsi que les épices. Mouiller à hauteur avec l'eau et assaisonner légèrement. Laisser cuire 1 h à 1 h 30 à feu doux. Passer ensuite le bouillon à l'aide d'un chinois et laisser refroidir environ 1 h.

Fouetter les blancs d'œufs dans un saladier (sans les monter) et les ajouter dans le bouillon encore tiède. Mélanger et porter de nouveau à ébullition tout doucement. Les blancs ajoutés vont emprisonner les impuretés du bouillon qui va devenir complètement limpide. Passer ensuite avec précaution le consommé à travers un linge très fin.

Préparer le pressé aux tomates séchées : monder les tomates, les couper en 4 et les épépiner. Mixer l'ail, le basilic et l'huile. Mélanger cette préparation avec les quartiers de tomates et disposer ceux-ci bien rangés sur une plaque à four recouverte d'un papier gaufré. Passer à four doux 120 °C (th. 4), chaleur tournante si possible 2 h.

Blanchir le poireau et égoutter. Détacher de belles lanières. Chemiser le moule (habillé d'un film alimentaire) avec ces dernières.

Couper les noix de Saint-Jacques en lames fines et les pocher dans le consommé puis les réserver. Remplir ensuite par couches, avec les tomates et les noix de Saint-Jacques jusqu'à 1 cm du bord. Poser dessus une planchette et un poids de 1 kg pendant 1 h. Mettre au froid.

Ajouter au consommé les feuilles de gélatine trempées et pressées. Laisser retomber en température. Ôter le poids et la planchette de la terrine. Verser le consommé. Laisser au froid toute la nuit. Se sert en tranches entourées d'un petit cordon de vinaigrette au vinaigre balsamique et de 1 cœur de basilic.

# RECETTES VOYAGEUSES

On s'amuse ici de saveurs venues d'ailleurs. Une marinade de saumon gravelax et Saint-Jacques au sirop d'érable et vinaigre de cidre nous emmène au nord, vers des pays froids et de grandes pêches. En revanche il y a de la chaleur dans une oursinade de Saint-Jacques aux chicons, parfum de tandoori, de l'exotisme dans un Gaspacho de poivrons et bananes, salpicon de Saint-Jacques à l'aneth. Au gourmet le privilège de voyager par la grâce des épices.

# Salade de tagliatelles à l'encre de seiche, Saint-Jacques et tomates confites

Pour 4 personnes

12 noix de coquilles Saint-Jacques • 200 g de tagliatelles noires (se trouvent dans toutes les boutiques italiennes) • 4 tomates • 1 botte de basilic • 2 gousses d'ail • 1 c. à soupe de pignons de pin grillés • 1 dl d'huile d'olive • 3 cl de vinaigre balsamique • 8 cébettes • sel • poivre

Monder, épépiner les tomates et les couper en 6.

Ranger les tomates sur une plaque à four recouverte d'un papier sulfurisé. Enfourner à 120 °C (th. 4) pendant 2 h.

Couper les noix de Saint-Jacques en tranches fines et les pocher dans l'eau bouillante salée pendant 1 min. Égoutter, filmer et réserver au froid.

Préparer le pistou (ail, huile d'olive et pignons de pin passés au mixeur) et mélanger aux tomates.

Préparer la vinaigrette avec sel, poivre, vinaigre et huile d'olive de grande qualité.

Ciseler le vert des cébettes et fendre le blanc.

Cuire les tagliatelles à l'eau bouillante salée *al dente*. Les rafraîchir à l'eau courante et égoutter.

Dans un beau saladier, mettre les tagliatelles, les tomates et les noix de Saint-Jacques, le vert des cébettes et la vinaigrette. Mélanger. Poser dessus les blancs de cébettes. Décorer avec des feuilles de basilic. Servir.

# Brochette de Saint-Jacques à la pancetta et aux cèpes

Pour 4 personnes

12 noix de coquilles Saint-Jacques • 12 cèpes bouchons • 12 fines tranches de ventrèche • 12 gousses d'ail • 1 botte de persil • 120 g de beurre • 1 bulbe de fenouil • 1 jus de citron • 1 c. à café de sucre • 6 graines d'anis • 150 g de jus de rôti de porc ou autre jus de viande blanche • sel • poivre • bain de friture

Couper le fenouil en 12 quartiers et le faire braiser lentement dans 100 g de beurre avec le jus de citron, le sucre, le persil et l'anis.

Envelopper chaque noix avec 1 tranche de ventrèche et les enfiler en alternant sur votre brochette avec les cèpes et des quartiers de fenouil.

Dans un petit bain d'huile chaude, non fumante, plonger les gousses d'ail non épluchées pendant 10 min. Retirer, éponger et garder au chaud.

Faire réduire jusqu'à obtenir une consistance sirupeuse le jus de porc (gardé d'un rôti du jour précédent ; ce jus est gélatineux et peut être conservé quelques jours).

Griller vos brochettes. Leur donner une belle couleur.

Faire fondre le reste de beurre et lui faire prendre une belle coloration noisette.

Disposer les brochettes sur les assiettes. Sur le côté, tirer un trait du jus de porc parsemé de 1 c. de beurre noisette. Ajouter les aux confits en petits bouquets. Servir.

# Risotto de Saint-Jacques, crème de cives et poudre de champignons

Pour 4 personnes

250 g de riz du piedmont ou riz rond de Camargue • 12 noix de coquilles Saint-Jacques • 300 g de champignons de Paris bien fermes • 100 g de crème liquide • 100 g d'oignons • 60 g de parmesan • 1/2 l de fumet de poissons • 100 g de beurre

**Fumet de poissons :** 1 arête de sole avec tête • 1 tête de colin ou turbot • 1 verre de vin blanc sec • 1 l d'eau • 1 carotte • 1/2 poireau • 1 branche de céleri • 150 g de champignons de Paris • 1 bouquet garni • sel • poivre de Cayenne

Préparer le fumet de poissons à l'avance : émincer les légumes et les champignons. Les faire suer au beurre.

Ajouter le bouquet garni et les arêtes concassées. Faire suer pendant 10 min.

Ajouter le vin blanc et mouiller à hauteur avec l'eau. Faire cuire pendant 1 h.

Passer au chinois fin. Assaisonner et laisser refroidir.

Préparer le risotto de Saint-Jacques : passer les champignons au hachoir fin et les disposer sur une plaque à four. Enfourner à 250 °C (th. 8-9) 1 h à 1 h 30. Remuer souvent jusqu'à consistance de semoule. S'il y a des grumeaux, mixer au cutter. Réserver

Faire blondir les oignons hachés dans 100 g de beurre. Ajouter le riz. Remuer sur le côté du feu jusqu'à ce qu'il soit bien imprégné du beurre. Mouiller avec 1/2 l de fumet de poissons. Couvrir et cuire au four à 160 °C (th. 5-6) pendant 18 min.

Après cuisson, désagréger (décoller) le riz. Mélanger le parmesan et la crème.

Poêler les noix de Saint-Jacques. Servir le riz dans des assiettes creuses, poser les noix de Saint-Jacques dessus et parsemer avec la semoule de champignons de Paris.

# Pizz' de Saint-Jacques et homard à la chapelure de ventrèche et romarin

Pour 4 personnes

12 noix de coquilles Saint-Jacques • 2 homards de 400 g • 4 tomates • 2 échalotes • 1 gousse d'ail • 3 tranches fines de ventrèche • 1 branche de romarin • thym • laurier • huile d'olive • 2 rouleaux de pâte feuilletée • 300 g de crème fraîche • 6 graines d'anis • 4 feuilles de basilic • sel • poivre • poivre de Cayenne

Préchauffer le four à 180 °C (th. 6). Découper 4 cercles de pâte feuilletée de 16 cm de diamètre et les cuire 20 min entre 2 plaques à four pour maintenir le développement. Réserver.

Après avoir épépiné et mondé les tomates, les faire suer avec la gousse d'ail et les échalotes ciselées dans une casserole à fond épais. Ajouter le thym, le laurier, le basilic, le sel et le poivre. Laisser réduire à sec. Pendant ce temps, sécher au four la ventrèche et le romarin puis la passer au cutter pour en faire une chapelure grossière.

Ébouillanter les homards puis les décortiquer (si les homards sont des femelles, prendre soin de réserver les œufs et les mixer dans la sauce, ce qui servira de liaison). Faire suer les carapaces à l'huile d'olive très doucement. Ajouter la crème, les graines d'anis, le sel et 1 pointe de poivre de Cayenne. Faire mijoter 15 min. Infuser 1 h hors du feu, passer au chinois étamine. Réserver au bain-marie.

Couper les noix de Saint-Jacques en tranches fines. Étaler le concassé de tomates sur les cercles de feuilletage précuits. Disposer en alternant les noix de Saint-Jacques et médaillons de homard. Donner un tour de poivre du moulin, puis ajouter la chapelure de ventrèche. Passer au four 5 min. Disposer ensuite sur chaque assiette, surmonter de 1 feuille de basilic et entourer d'un cordon de sauce. Servir.

# Pissaladière de Saint-Jacques au Serrano

Pour 4 personnes

300 g de pâte brisée • 12 noix de coquilles Saint-Jacques • 600 g d'oignons • 8 filets d'anchois à l'huile • 4 olives noires • 2 tranches de jambon Serrano • 80 g de beurre • 1 c. à soupe d'huile d'olive • 1 branche de romarin • 1 œuf • sel • poivre de Cayenne

Couper une noix de Saint-Jacques en 4 belles lames. Réserver.

Émincer les oignons et les faire cuire dans le beurre à couvert avec 1 pointe de poivre de Cayenne jusqu'à ce qu'ils soient bien fondus. Laisser refroidir. Couper le reste de noix de Saint-Jacques en morceaux irréguliers ainsi que le jambon. Mélanger aux oignons et ajouter l'œuf. Réserver.

Abaisser la pâte dans un moule à tarte. Piqueter et laisser reposer 30 min. Verser la préparation dans la pâte et étaler.

Disposer sur le dessus les lames de noix de Saint-Jacques, les anchois, les olives et quelques petites feuilles de romarin. Arroser avec la cuillerée d'huile d'olive. Enfourner 30 min à 180 °C (th. 6) en surveillant. Si la pissaladière prend trop de coloration, poser dessus une feuille de papier aluminium.

Peut s'accompagner d'un mesclun.

# Noix de Saint-Jacques rôties au caramel de banyuls et chou chinois

Pour 4 personnes

12 noix de coquilles Saint-Jacques (grosses de Normandie) • 4 choux chinois • 50 cl de banyuls vieux • 12 tranches de coppa séchée • 100 g de beurre • 5 cl d'huile d'olive • 20 g de sucre • sel • poivre

Mettre les tranches de coppa sur un papier sulfurisé sur une plaque à four. Recouvrir d'une autre feuille. Placer un plat par-dessus pour maintenir le tout et mettre au four à 150 °C (th. 5) pendant 45 min.

Laver et blanchir les choux. Rafraîchir et les braiser en cocotte 15 min.

Faire réduire le banyuls avec le sucre à consistance sirupeuse. Ajouter 100 g de beurre en dés et monter au fouet.

Saler et poivrer les noix de Saint-Jacques. Les faire sauter à feu vif.

Pour le dressage : au centre de l'assiette, déposer le chou. Entourer des noix de Saint-Jacques. Entre chacune, déposer 1 c. de caramel. Faire une incision dans chaque noix de Saint-Jacques et y glisser verticalement 1 tranche de coppa.

# Marinade de Saint-Jacques aux oignons grelots et citron vert

Pour 4 personnes

12 noix de coquilles Saint-Jacques • 12 oignons grelots frais • 1 citron vert ou citron lime (sans pépins) ou cambavas • 1 c. à soupe de vinaigre de riz • 2 c. à soupe d'huile de pépins de raisin • 1 c. à soupe d'huile de sésame • sel fin • poivre de Cayenne

Trancher finement les noix de Saint-Jacques, le citron en lamelles et les oignons grelots.
Préparer la vinaigrette en mélangeant tous les assaisonnements.
Mettre les lamelles de Saint-Jacques, le citron et les oignons dans un saladier.
Napper avec l'assaisonnement et remuer délicatement.
Laisser mariner 10 min avant de servir.

# Bouillon de Saint-Jacques à la cardamome verte

Pour 4 personnes

12 noix de coquilles Saint-Jacques • 1 carotte de sable • 1 oignon • 1 petite branche de céleri • 1 gousse d'ail • 4 graines de cardamome verte • 4 filaments de safran • 1 branche de thym • 1/4 de feuille de laurier • 100 g de beurre • 1 dl de vin blanc sec • sel • poivre de Cayenne

Faire suer à blanc dans 30 g de beurre tous les légumes taillés en cube ou en rondelles régulières. Mouiller avec le vin blanc et faire réduire de moitié. Ajouter 1/2 l d'eau et tous les assaisonnements et aromates.

Faire cuire 15 min et jeter dans votre casserole les noix de Saint-Jacques coupées en 4 ou en rondelles en fonction du taillage de vos légumes.

Porter à ébullition ; égoutter en conservant le bouillon et répartir l'ensemble dans les 4 assiettes.

Remettre le bouillon sur grand feu, ajouter le reste de beurre et mixer.

Verser ce bouillon sur les garnitures.

Appuyer sur les graines de cardamome pour extraire le petit caviar noir et le répartir dans les assiettes. Servir.

# Boudin de Saint-Jacques aux pistaches

Pour 4 personnes

12 noix de coquilles Saint-Jacques • 2 blancs d'œufs • 180 g de crème liquide • 4 g de sel • poivre de Cayenne • 50 g de pistaches mondées

Mettre les noix de Saint-Jacques dans un bol. Les mixer avec les blancs d'œufs, le sel et 1 pincée de poivre de Cayenne.

Mixer jusqu'à consistance d'une pâte. Verser dans un saladier et ajouter la crème fraîche en 3 ou 4 fois en mélangeant à l'aide d'un fouet. Ajouter ensuite les pistaches.

Disposer la moitié de la préparation sur un papier film et façonner de façon à obtenir un boudin. Rouler et bien serrer les extrémités. Faire de même avec l'autre moitié de la préparation.

Cuire les 2 boudins à la vapeur pendant 15 à 20 min très doucement.

Laisser refroidir sans y toucher.

Trancher ensuite en biais comme un saucisson classique.

# Petit ragoût de Saint-Jacques au curry en coque de belle-de-Fontenay

Pour 4 personnes

4 ou 8 pommes de terre belle-de-Fontenay (chair ferme) • 8 noix de coquilles Saint-Jacques • 2 dl de velouté de poissons • 25 g de gruyère rapé ou parmesan • 80 g de beurre • 1 jaune d'œuf • 4 feuilles de basilic ciselées • 1 c. à café de curry

**Velouté de poissons** : 1 arête de sole avec tête • 1 tête de colin ou turbot • 1 verre de vin blanc sec • 1 l d'eau • 1 carotte • 1/2 poireau • 1 branche de céleri • 150 g de champignons de Paris • 1 bouquet garni • 250 g de crème fleurette • Maïzena® • sel • poivre de Cayenne

Préparer le velouté de poissons à l'avance : émincer les légumes et les champignons. Les faire suer au beurre.

Ajouter le bouquet garni et les arêtes concassées. Faire suer pendant 10 min.

Ajouter le vin blanc et mouiller à hauteur avec l'eau. Faire cuire pendant 1 h.

Passer au chinois fin. Remettre sur le feu. Incorporer la crème fleurette et un peu de Maïzena® afin de lier la préparation. Assaisonner et laisser refroidir.

Préparer le ragoût de noix de Saint-Jacques : cuire les pommes de terre en robe des champs. Les refroidir. Creuser une cavité dans chacune dans la longueur. Réserver la pulpe (il est recommandé de ne pas éplucher la pomme de terre, la peau la consolide et sert de coque).

Préchauffer le four à 200 °C (th. 6-7).

Faire revenir les noix de Saint-Jacques coupées en cubes dans 20 g de beurre. Mouiller avec le velouté de poissons auquel on aura ajouté 1 c. à café de curry. Rectifier l'assaisonnement. Ajouter le basilic. Garnir les pommes de terre.

Avec la pulpe récupérée des pommes de terre, préparer une pomme Duchesse (purée ferme avec le jaune d'œuf, le reste de beurre). Répartir sur le dessus des pommes de terre. Parsemer de fromage. Passer 5 min au four. Servir.

# Oursinade de Saint-Jacques aux chicons, parfum de tandoori

Pour 4 personnes

12 noix de coquilles Saint-Jacques • 250 g d'endives (chicons) • 100 g d'échalotes • 150 g de beurre • 20 cl de crème liquide • 25 cl de vin blanc sec • 1 c. de ciboulette hachée • 1 c. à café de tandoori (mélange d'épices) • 3 jaunes d'œufs • 1 pincée de curry • 1 pointe de poivre de Cayenne • sel • poivre blanc

**Beurre blanc :** 30 cl de vin blanc • 3 échalotes • 10 cl de crème liquide • 250 g de beurre demi-sel • 1 trait de vinaigre (facultatif)

Couper les endives en cubes réguliers. Mettre dans une casserole avec 50 g d'échalotes finement ciselées et mouiller d'eau à hauteur. Saler légèrement et ajouter le tandoori. Couvrir avec une feuille d'aluminium et cuire 15 min. Couper les noix de Saint-Jacques en morceaux (6 par noix) et les ajouter hors du feu. Retirer le jus de cuisson. Réserver.

Monter votre beurre blanc : faire fondre le beurre. Pendant ce temps, réduire des deux tiers le vin blanc et les échalotes finement hachées. Ajouter la crème liquide et porter à ébullition 1 min. Hors du feu, mixer ce bouillon dans la casserole puis ajouter le beurre petit à petit. Réserver au chaud.

Mettre les 3 jaunes d'œufs dans une petite casserole avec le vin blanc et 1 c. à café d'échalotes hachées. Émulsionner sur le coin du fourneau. Lorsque le tout prend l'aspect d'une mayonnaise, ajouter 1 c. à soupe de beurre blanc, le curry et le poivre de Cayenne. Réserver.

Montage : après avoir mis le reste de beurre blanc dans la préparation endives-noix de Saint-Jacques, ajouter la ciboulette. Garnir vos ramequins aux trois quarts puis verser sur le dessus le sabayon. Terminer la présentation en posant 1 lame de noix de Saint-Jacques sur le dessus des ramequins avant de les passer au four à 220 °C (th. 6) pendant 4 min puis 5 s sous le gril.

# Marbré de Saint-Jacques au curry, vinaigrette aux aromates (recette de M. Crouzil)

Pour 4 personnes

400 g de noix de Saint-Jacques • 120 g de blancs d'œufs • 75 cl de crème liquide • 1 c. à soupe de curry • 1 pincée de poivre de Cayenne • 4 feuilles de chou vert • 10 cl d'huile d'olive • 1 gousse d'ail • thym • romarin • laurier • 60 g de céleri • 60 g de fenouil • 60 g de poivron • 100 g de champignons de Paris • 6 grains de coriandre • 1 botte de coriandre fraîche • 1 laitue ou trévise • sel • poivre

Tailler le céleri, le fenouil, le poivron et les champignons de Paris en fine brunoise. Jeter celle-ci dans une poêle où vous aurez chauffé 10 cl d'huile à 170 °C (th. 5-6) (huile chaude non fumante) avec 1 gousse d'ail, 1 branche de thym, le romarin, le laurier, les graines de coriandre écrasées. Faire sauter pendant 10 min. Égoutter le tout en conservant l'huile et l'excédent, retirer la garniture aromatique et l'ail. Laisser refroidir. Incorporer au liquide 1 c. à soupe de coriandre en feuilles hachées finement et rectifier l'assaisonnement. Réserver cette huile de coriandre.

Mettre 150 g de noix de Saint-Jacques dans le mixeur avec 120 g de blancs d'œuf, 75 cl de crème liquide fleurette, 1 c. à soupe de curry, 1 pointe de poivre de Cayenne, sel et poivre. Mixer le tout. L'idéal serait de passer cette farce au tamis à farine. Y ajouter les 250 g de noix de Saint-Jacques restantes coupées en 2 ou 3 morceaux puis la brunoise précédemment préparée.

Mouler ensuite dans une terrine après l'avoir habillée d'un film et chemisée à l'aide des feuilles de choux préalablement blanchies et égouttées.

Rabattre le film et placer la terrine dans un couscoussier. Faire cuire à la vapeur 45 à 50 min selon la grosseur de la terrine. Retirer et laisser refroidir 6 h sous une planchette surmontée d'un poids de 1 kg.

Pour déguster, couper des tranches et dresser au centre des assiettes sur 1 feuille de laitue ou trévise. Entourer d'un cordon d'huile de coriandre. Servir.

# Sorbet de Saint-Jacques à l'aquavit et à l'aneth

Pour 4 personnes

8 noix de coquilles Saint-Jacques avec corail • 200 g de sirop (150 g d'eau et 60 g de sucre) • 1 jus de citron • 1 c. à café d'aneth • 1 pincée de fleur de sel • 1 pointe de piment d'Espelette • 2 c. d'aquavit

Préparer le sirop et le laisser refroidir.

Mixer les noix de Saint-Jacques (sans le corail) avec le sirop, le jus de citron, l'aneth, la fleur de sel et le piment d'Espelette. Passer au tamis. Ajouter l'aquavit et turbiner. Réserver au grand froid.

Pour servir, faire givrer 4 verres ronds (à bourgogne). Préparer 8 boules ou 8 quenelles que vous disposez dans les verres. Surmonter d'un corail passé à l'eau bouillante et rafraîchi. Terminer la présentation avec 1 petite branche d'aneth.

# Saint-Jacques en tempura à la sauge et aux carottes

Pour 4 personnes

12 noix de coquilles Saint-Jacques • 1 paquet de tempura de 150 g (boutique à épices) • 2 carottes belles et nouvelles (nantaises) • 12 belles feuilles de sauge • 100 g de farine de blé • sel • poivre

**Sauce** : 1 œuf • 1 petite cuillerée de moutarde à l'ancienne • 10 cl d'huile d'arachide • 1 c. à café de cerfeuil • 1 c. à café de ciboulette • 1 c. à café d'estragon • 1 trait de sauce soja

Préparer votre appareil à beignets (mélanger 150 g de tempura avec 200 g d'eau sans assaisonnement). Réserver.

Couper les carottes à la mandoline dans le sens de la longueur assez finement. Les éponger. Rincer les feuilles de sauge. Couper les noix de Saint-Jacques en 2 lames. Saler et poivrer.

Préparer votre sauce comme une mayonnaise et ajouter les herbes. Réserver.

Faire chauffer le bain de friture. Fariner les carottes et les plonger dans l'appareil à beignets. À l'aide d'une fourchette, les plonger 1 à 1 dans le bain afin qu'elles soient bien croustillantes. Faire de même pour la sauge. Puis les Saint-Jacques (veiller à retirer à l'aide d'une écumoire toutes les particules de pâte qui restent dans la friture après chaque opération).

Disposer harmonieusement les beignets sur les assiettes (sur 1 feuille de laitue ou 1 napperon), votre sauce en saucière.

# Tatin de Saint-Jacques à la rhubarbe

Pour 4 personnes

12 noix de coquilles Saint-Jacques moyennes • 4 ronds de feuilletage 13 cm de diamètre • 250 g de rhubarbe épluchée et blanchie. • 1 c. à soupe de sucre • 1 pointe de cannelle • 4 fines rondelles de citron • 60 g de beurre • sel • poivre

Cuire rapidement la rhubarbe en compote avec le sucre et la pointe de cannelle.

Beurrer les 4 petits moules à tarte de 12 cm. Disposer au milieu 1 lame de citron, puis, en couronne, 3 noix de Saint-Jacques coupées en 2.

Ajouter 1 belle cuillerée de compote de rhubarbe. Lorsque le tout est froid, recouvrir de la pâte en enfonçant les bords à l'intérieur du cercle.

Cuire à four chaud 8 min. Sortir. Attendre 3 ou 4 min et démouler au centre de vos assiettes.

Cette recette n'appelle pas de sauce, le mélange du jus de la rhubarbe et des noix de Saint-Jacques relevé de l'acidité du citron suffit.

# Gaspacho de poivrons et bananes, salpicon de Saint-Jacques à l'aneth (recette de M. Crouzil)

Pour 4 personnes

8 noix de coquilles Saint-Jacques • 4 poivrons rouges • 1 banane mûre • 4 tomates Roma de préférence • 2 branches d'aneth • 1 gousse d'ail • 4 feuilles de basilic • 10 cl d'huile d'olive • sel • poivre de Cayenne

Monder et épépiner les tomates, les éponger. Les couper en quartiers, les arroser à l'huile d'olive, sel, poivre, ail et basilic finement hachés. Les ranger sur une plaque antiadhésive et faire sécher au four 2 h à 90 °C (th. 3). Cuire à l'eau bouillante et peler les poivrons.

Couper les noix de Saint-Jacques en petits cubes réguliers. Saler, poivrer et verser un trait d'huile d'olive dessus. Réserver.

Mixer les poivrons, les tomates et la banane. Assaisonner. Passer au tamis. Ajouter 1 petite cuillerée d'aneth haché.

Choisir de préférence des petites coupes en verre pour le service. Tapisser le fond des coupes avec le salpicon de Saint-Jacques. Verser le gaspacho aux trois quarts. Poser 1 petite branche d'aneth au centre.

Laisser au frais 30 min et servir accompagné d'une tranche de pain grillée.

# Marinade de saumon gravelax et Saint-Jacques au sirop d'érable et vinaigre de cidre

Pour 4 personnes

12 noix de coquilles Saint-Jacques • 240 g de saumon sauvage d'Écosse • 10 cl de vinaigre de cidre • 20 cl de sirop d'érable • 2 c. de graines de tournesol grillées • 1 c. de sésame grillé • 1 concombre • fleur de sel • poivre du moulin • 100 g de gros sel • 10 g de sucre en poudre • 2 c. de baies de genièvre • 1 c. de poivre mignonnette rose • pluches de cerfeuil • 50 g de julienne de betteraves crues • 30 g d'œufs de saumon (facultatif) • 1 pincée de graines de fenouil

Escaloper très finement le saumon et les noix de Saint-Jacques.

Fendre le concombre en 2 sans l'éplucher et l'épépiner. Émincer la chair.

Au centre de l'assiette, disposer en cercle les pétales de Saint-Jacques, autour le saumon et entourer le tout avec les demi-lunes de concombre se chevauchant légèrement. Disperser la fleur de sel, le poivre du moulin et 1 pincée de sucre (sur le saumon). Mixer le genièvre, le fenouil, la mignonnette de poivre rose et répandre sur l'ensemble. Arroser avec le vinaigre et le sirop d'érable. Parsemer encore avec les graines de sésame et les graines de tournesol préalablement grillées dans une poêle à sec, et quelques filaments de betterave crue rincée (pour éviter qu'elle ne déteigne).

Poser 1 petite quenelle d'œufs de saumon sur le milieu des noix de Saint-Jacques. Laisser mariner 20 min. Servir avec du pain grillé et des pluches de cerfeuil.

# RECETTES LUXUEUSES

N'est-ce pas le comble du luxe que de marier la Saint-Jacques au foie gras, au caviar, aux truffes ou au whisky ? On osera l'exercice de style avec un magnifique Vol-au-vent de Saint-Jacques et langoustines aux asperges et morilles. On débouchera de grands vins pour des Saint-Jacques ivres de pommard aux pleurotes ou des Noix de Saint-Jacques rôties au sabayon de champagne, asperges étuvées et morilles fraîches. On aura même l'audace d'associer la Saint-Jacques au cacao et d'inventer un Palet de Saint-Jacques au guanaja.

# Marguerite de Saint-Jacques aux truffes et à l'huile vierge

Pour 4 personnes

12 noix de coquilles Saint-Jacques • 1 truffe de 50 à 60 g • 100 g de mâche • 20 cl d'huile d'olive • 1 c. à café de fleur de sel de Guérande • poivre du moulin (poivre blanc du Penja, si possible)

Laver la mâche en coupant les feuilles. Égoutter.

Couper les noix de Saint-Jacques en tranches fines.

Couper la truffe en fines lamelles à l'aide d'une mandoline.

Disposer sur le pourtour de l'assiette les feuilles de mâches, puis les noix de Saint-Jacques en intercalant avec les truffes jusqu'au centre de l'assiette.

À l'aide d'un pinceau, caresser l'ensemble de votre préparation avec l'huile puis parsemer de sel de Guérande.

Donner un tour de poivre du moulin.

Filmer les assiettes et les laisser 15 min au froid avant de servir.

Le pain de campagne grillé accompagne ce plat parfaitement.

# Croustons de Saint-Jacques aux truffes et beurre salé

Pour 4 personnes

8 noix de coquilles Saint-Jacques • 1 truffe de 60 g • 80 g de beurre salé en pommade • 8 tranches de vrai pain de campagne • 1 c. à soupe d'huile de noix • fleur de sel • poivre du moulin

Couper les noix de Saint-Jacques en tranches fines. Faire de même avec la truffe.

Tartiner de beurre en pommade les tranches de pain de campagne. Sur 4 d'entre elles, alterner les noix de Saint-Jacques et la truffe. Parsemer de sel et de poivre. Recouvrir avec la seconde tranche de pain.

Envelopper chaque sandwich ainsi réalisé dans du film alimentaire.

Ranger sur un plat. Poser un deuxième plat sur les sandwichs et ajouter un poids assez lourd (2 kg environ).

Mettre au réfrigérateur jusqu'au lendemain midi. Défaire le film. Tamponner le dessus de la première tartine avec l'huile de noix à l'aide d'un pinceau puis passer le tout au four 3 min à 250 °C (th. 8-9) de chaque côté.

Cette recette peut s'accompagner d'une salade de mâche légèrement aillée.

# Saint-Jacques fourrées, clin d'œil au Périgord

Pour 4 personnes

8 grosses noix de coquilles Saint-Jacques • 80 g de foie gras cru • 50 g de truffe • 1 poireau • 1 magret fumé ou 8 tranches de ventrèche très fines • 2 échalotes • 20 cl de verjus • 100 g de beurre • 20 g de sucre • 10 cl d'huile d'olive • 5 cl d'huile de noisette

Lever une fine lame sur chaque noix de Saint-Jacques. Réserver.

À l'aide d'une cuillère parisienne, faire un trou au cœur de la noix.

Avec une cuillère plus petite, prélever 8 noisettes de foie et 8 boules de truffes. Saler, poivrer et les introduire dans la noix de Saint-Jacques. Refermer avec la lame de Saint-Jacques réservée.

Entourer chacune des noix de 1 feuille de ventrèche ou de magret, puis ficeler comme un paquet cadeau avec 1 lanière de poireau. Réserver au froid.

Pour la sauce, réduire le verjus, le sucre et les échalotes finement ciselées jusqu'à obtenir une consistance sirupeuse. Ajouter le beurre en petits dés. Fouetter en portant à ébullition. Ensuite, passer à l'étamine et réserver.

Faire chauffer dans une poêle l'huile d'olive et l'huile de noisette. Poêler les Saint-Jacques 2 min sur chaque face. Éponger.

Disposer dans des assiettes creuses, 1 noix de Saint-Jacques entière, et 1 noix de Saint-Jacques fendue en 2. Napper de la sauce et servir très chaud. 1 ou 2 châtaignes peuvent être servies en accompagnement.

# Mousseline de Saint-Jacques aux truffes

Pour 4 personnes

250 g de noix de Saint-Jacques • 40 g de truffe • 1 œuf • 300 g de crème fleurette • 100 g de beurre • 1 échalote • 1 verre de vin blanc • sel fin • poivre de Cayenne

Mixer les noix de Saint-Jacques avec l'œuf entier, 5 g de sel, 1 pointe de poivre de Cayenne. Ajouter 250 g de crème en réduisant la vitesse dès que l'appareil est lisse. Débarrasser.

Prélever 4 belles lames de truffe et hacher le reste grossièrement au couteau. L'incorporer à l'appareil à l'aide d'une spatule.

Pour la sauce, faire réduire le vin blanc avec l'échalote. Verser le reste de crème. Monter à ébullition et jeter le beurre en dés dedans. Finir au mixeur à potage.

Après avoir beurré les moules (6 cm de diamètre sur 5 cm de hauteur), garnir avec la mousse. Les disposer dans une plaque creuse sans oublier au préalable d'y avoir déposé une feuille de papier sulfurisé. Mettre au four 20 min à 180 °C (th 6).

Démouler ensuite sur un torchon et, à l'aide d'une spatule large, poser les mousselines au centre d'assiettes creuses. Napper avec la sauce et décorer de la lame de truffe (lustrée avec de l'huile ou du beurre fondu).

# Saint-Jacques en mille-feuille au saumon fumé, crème aux œufs de truite

Pour 4 personnes

12 noix de coquilles Saint-Jacques • 40 feuilles de mâche (grandes) • 4 tranches de saumon fumé • 4 branches d'aneth • le jus de 2 citrons • 20 cl de crème fleurette • 2 c. à soupe d'huile d'olive • vinaigre de riz • sel • poivre • 50 g d'œufs de truite • 4 pluches de cerfeuil

Couper les noix de Saint-Jacques en tranches fines et disposer celles-ci sur un plat. Mélanger l'aneth finement ciselé avec l'huile et 1/2 jus de citron. Saler, poivrer les noix de Saint-Jacques et les tamponner avec l'huile et du vinaigre de riz. Laisser au frais.

Découper 12 cercles de saumon de 6 cm. Pour le montage, alterner le saumon, les escalopes de noix de Saint-Jacques et terminer par un cercle de saumon. L'idéal serait de faire ce montage dans les cercles inox ou plastique de 6 cm de diamètre. Pour démouler parfaitement, disposer les feuilles de mâche en couronne sur les assiettes, le mille-feuille au centre. Délayer la crème avec un trait de citron. Ajouter les œufs de truite et assaisonner. Disposer cette sauce en cordon. Retirer le cercle, agrémenter de 1 pluche de cerfeuil et servir.

# Saint-Jacques en habit d'artichaut et foie gras (recette de M. Crouzil)

Pour 4 personnes

4 noix de coquilles Saint-Jacques • 8 fonds d'artichauts • 200 g de foie gras cru • 4 lames de truffe (facultatif) • 1 romaine • 1 c. à soupe de vinaigre de cidre • 1 c. à soupe d'huile de truffes • 1 c. à soupe d'huile de pépins de raisin • 1 c. à soupe de sésame grillé • 2 c. à soupe de farine • le jus de 2 citrons • sel • poivre

Effeuiller les artichauts, en ôter le foin à cru et plonger les fonds dans un blanc (eau, sel, farine et jus de citron). Cuire 15 min. Rafraîchir.

Couper les noix de Saint-Jacques par le milieu et y disposer 1 lame de truffe.

Mettre 25 g de foie gras préalablement assaisonné de sel et de poivre sur chaque fond. Poser la noix de Saint-Jacques au centre et recouvrir le tout avec un deuxième fond, presser et envelopper hermétiquement dans un film étirable. Plonger l'ensemble dans de l'eau à 80 °C (th. 2-3) pendant 20 min.

Retirer et plonger dans de l'eau glacée pendant 40 min.

Préparer une vinaigrette en mélangeant le vinaigre de cidre, l'huile de truffes, l'huile de pépins de raisin et le sésame grillé. Préparer les feuilles de romaine. Caresser légèrement avec la vinaigrette.

Déballer les fonds, les fendre au cœur et disposer les 2 morceaux sur la salade. Mettre un cordon de vinaigrette autour et servir.

Pour éclairer vos assiettes, jouer avec des fleurs : œillets, soucis, pétales de roses, etc.

# Saint-Jacques farcies au caviar Avruga

Pour 4 personnes

4 galets (récupérés sur la plage et bouillis 1 h) • 12 noix de coquilles Saint-Jacques • 4 c. à café (50 g) d'Avruga (œufs de harengs fumés) • 1 jus de citron • 2 dl de crème fleurette • huile d'olive • sel • poivre

Mettre les galets au four à 300 °C (th. 9) pendant 45 min. Inciser les noix de Saint-Jacques et incorporer l'Avruga. Saler légèrement et donner un tour de poivre du moulin. Réserver les noix de Saint-Jacques sur un plat huilé grassement et les retourner de temps en temps.

Faire bouillir la crème. Ajouter le citron. Rectifier l'assaisonnement et disposer cette sauce dans 4 petites coupelles. Sur chaque assiette, construire un cercle de gros sel bien humide.

Poser dessus votre galet en prenant bien soin de vous protéger avec des gants. Sur chaque galet, poser vos noix de Saint-Jacques et servir de suite. Chacun les retourne à sa guise.

# Noix de Saint-Jacques rôties au sabayon de champagne, asperges étuvées et morilles fraîches

Pour 4 personnes

16 noix de Saint-Jacques • 25 cl de fumet de poissons • 50 g d'échalotes ciselées • 32 pièces de morilles fraîches • 8 pièces d'asperges vertes • 15 cl de champagne • 80 g de beurre • 4 jaunes d'œufs • sel • poivre • huile d'olive

**Fumet de poissons :** 1 arête de sole avec tête • 1 tête de colin ou turbot • 1 verre de vin blanc sec • 1 l d'eau • 1 carotte • 1/2 poireau • 1 branche de céleri • 150 g de champignons de Paris • 1 bouquet garni • sel • poivre de Cayenne

Préparer le fumet de poissons à l'avance : émincer les légumes et les champignons. Les faire suer au beurre.

Ajouter le bouquet garni et les arêtes concassées. Faire suer pendant 10 min.

Ajouter le vin blanc et mouiller à hauteur avec l'eau. Faire cuire pendant 1 h.

Passer au chinois fin. Assaisonner et laisser refroidir.

Préparation finale : faire suer les échalotes à feu doux 2 min, ajouter les morilles, le champagne. Laisser cuire 2 à 3 min.

Retirer les morilles et réserver au chaud. Ajouter 25 cl de fumet de poissons et réduire des deux tiers l'ensemble.

Filtrer et réserver.

Faire étuver les asperges à l'huile d'olive en les gardant croquantes. Réserver au chaud.

Émulsionner les jaunes d'œufs avec la réduction précédemment réservée. Fouetter l'ensemble vigoureusement à feu doux ou au bain-marie jusqu'à consistance crémeuse. Ajouter ensuite le beurre, rectifier l'assaisonnement et garder hors du feu.

Saisir vivement les noix de Saint-Jacques à l'huile d'olive dans une poêle et disposer dans les assiettes de service en les ayant au préalable épongées sur un papier absorbant.

Verser le sabayon dans le fond des assiettes.

Ajouter les morilles et passer sous le gril jusqu'à coloration du sabayon. Ajouter ensuite les asperges étuvées et servir aussitôt.

# Saint-Jacques chaudes et glacées au sabayon de whisky, à la carotte et carvi noir

Pour 4 personnes

12 noix de coquilles Saint-Jacques • 1 c. à soupe d'échalotes ciselées • 5 cl de whisky • 5 cl de vin blanc sec • 300 g de carottes • 8 jaunes d'œufs • 100 g de beurre • sel • poivre de Cayenne • poivre du moulin • curry • graines de carvi

Rincer les coquilles vides.

Émincer les carottes, les cuire à l'eau salée. Réaliser une purée avec la moitié de la quantité. Mélanger les 2 en ajoutant quelques graines de carvi et un tour de poivre du moulin. Garnir les coquilles, moitié de purée, moitié de carottes émincées.

Trancher en 2 les noix, les passer dans une poêle avec un peu d'huile, sur un seul coté, pendant 30 s à peine. Égouttez aussitôt sur du papier absorbant et les disposer sur les carottes.

Dans une casserole à feu moyen, émulsionner les jaunes avec les échalotes, le whisky et le vin blanc. Ajouter le beurre fondu. Lorsque vos œufs ont la consistance d'une mayonnaise, mettre le curry (1 c. à café) et 1 pointe de poivre de Cayenne.

Napper les coquilles et les passer au four à 150/160 °C (th. 5-6) 6 min puis dorer rapidement sur le gril.

Servir sur assiette individuelle, la coquille posée sur un lit de goémon qui aura été blanchi puis rafraîchi pour lui donner une couleur vert brillant. La coquille peut également être posée sur un lit de sel.

# Velouté de Saint-Jacques au champagne, beignets de choux de Bruxelles

Pour 4 personnes

8 noix de coquilles Saint-Jacques • 2 échalotes ciselées • 100 g de champignons de Paris • 25 cl de champagne brut • 25 cl de fumet • 25 cl de crème fleurette • 100 g de beurre • 1 jaune d'œuf • 5 graines d'anis sauvage • 3 graines de coriandre • 12 petits choux de Bruxelles • 150 g de tempura (épiceries fines) • thym • laurier • sel • poivre de Cayenne • bain de friture

**Matériel** : petites brochettes en bois

Préparer la pâte à beignets : mélanger 150 g de tempura avec 200 g d'eau, sans assaisonnement. Réserver.

Faire suer les échalotes au beurre. Ajouter les champignons coupés en petits cubes. Faire suer à blanc puis mettre les noix de Saint-Jacques coupées comme les champignons. Mouiller au champagne. Donner un bouillon et ajouter le fumet, anis, coriandre écrasée, thym et laurier. Laisser cuire 5 min. Retirer du feu. Égoutter dans une passoire. Réserver la garniture. Remettre la cuisson dans la casserole. Incorporer la crème. Faire réduire au tiers. Mixer au robot à potage. Ajouter le jaune d'œuf.

Après avoir cuit les choux de Bruxelles à l'eau salée, les rafraîchir et égoutter. Les fariner puis tremper dans la pâte à beignets et jeter dans la friture à 180 °C (th. 6) pendant 3 min. Retirer sur un papier absorbant et enfiler 3 par 3 sur des petites brochettes.

Garnir le fond de chaque bol avec la garniture de Saint-Jacques et champignons. Verser le velouté dessus et poser la brochette en travers du bol.

# Canneloni de Saint-Jacques à l'esturgeon et saumon au caviar d'Aquitaine

Pour 4 personnes

8 noix de coquilles Saint-Jacques • 50 g d'esturgeon fumé • 50 g de saumon gravelax • 150 g de crème fleurette • 8 feuilles de pâte à nouilles (se trouvent dans les boutiques asiatiques ou au rayon frais des supermarchés) • 1 c. à soupe de ciboulette • 50 g de caviar d'Aquitaine • 1 citron • 4 petits cœurs de laitue ou romaine • sel • poivre du moulin

Cuire les feuilles de pâte à l'eau salée *al dente*, les éponger et les positionner sur un film alimentaire. Couper le saumon et l'esturgeon en fine Matignon ainsi que les noix de Saint-Jacques, qui elles seules seront blanchies. Fouetter la crème fermement. En réserver la moitié. Mélanger l'autre avec les poissons et la moitié du caviar. Ajouter le jus de 1/2 citron et la ciboulette. Rectifier l'assaisonnement.

Garnir les feuilles de pâte et les rouler avec le film. Les passer au congélateur 30 min.

Pour la sauce, mélanger le reste de la crème fouettée avec le reste de caviar et le jus de l'autre 1/2 citron.

**Présentation** : couper les cannellonis en biseau et les présenter debout. Entourer du cordon de sauce. Servir avec les cœurs de laitue.

# Saint-Jacques ivres de pommard aux pleurotes

Pour 4 personnes

12 noix de coquilles Saint-Jacques • 1 bouteille de pommard (ou un vin très tamique) • 500 g de pleurotes • 100 g de lardons fumés • 150 g de beurre • 15 g de sucre • 1dl de fond de veau brun • 2 c. à soupe d'échalotes ciselées

Verser le vin dans une casserole. Ajouter les échalotes et le sucre. Faire réduire à glace (c'est-à-dire jusqu'à ce que le liquide soit très sirupeux). Verser le fond de veau. Rectifier l'assaisonnement. Ajouter 100 g de beurre petit à petit en fouettant. Mixer très rapidement pour ne pas blanchir la sauce. Réserver au chaud.

Blanchir et faire sauter les lardons dans 20 g de beurre.

Dorer les pleurotes à la poêle dans 30 g de beurre.

Faire sauter les noix de Saint-Jacques à feu vif 2 min de chaque côté.

Verser suffisamment de sauce pour napper le fond de l'assiette. Disposer les noix de Saint-Jacques (chacune surmontée de quelques lardons) et les pleurotes.

# Vol-au-vent de Saint-Jacques et langoustines aux asperges et morilles

Pour 4 personnes

12 noix de coquilles Saint-Jacques • 500 g de pâte feuilletée • 12 langoustines cuites • 12 asperges vertes • 12 morilles • 2 c. à soupe d'échalotes • 3 cl de cognac • 5 cl de vin jaune • 2 dl de velouté de poissons • 5 cl de crème liquide • 10 cl de sauce américaine • sel • poivre et ciboulette • beurre

**Velouté de poissons :** 1 arête de sole avec tête • 1 tête de colin ou turbot • 1 verre de vin blanc sec • 1 l d'eau • 1 carotte • 1/2 poireau • 1 branche de céleri • 150 g de champignons de Paris • 1 bouquet garni • 250 g de crème fleurette • Maïzena® • sel • poivre de Cayenne

Préparer le velouté de poissons à l'avance : émincer les légumes et les champignons. Les faire suer au beurre. Ajouter le bouquet garni et les arêtes concassées. Faire suer pendant 10 min.

Ajouter le vin blanc et mouiller à hauteur avec l'eau. Faire cuire pendant 1 h.

Passer au chinois fin. Remettre sur le feu. Incorporer la crème fleurette et un peu de Maïzena® afin de lier la préparation. Assaisonner et laisser refroidir.

Préparer le vol-au-vent : découper 4 beaux carrés de feuilleté de 11 cm de côté. Inciser à 1 cm sur les 4 côtés. S'arrêter aux 2 pointes opposées. Lustrer l'ensemble au jaune d'œuf. Replier les bandes vers l'intérieur en les croisant. Relustrer. Laisser reposer 30 min et enfourner 20 min à 180 °C (th. 6). Vous pouvez faire également des cercles ou un grand vol-au-vent rond.

Couper les noix de Saint-Jacques en 2. Les faire sauter à la poêle. Réserver. Décortiquer les langoustines. Les passer à la poêle et flamber au cognac. Réserver.

Éplucher les asperges vertes et les blanchir (veiller à ce qu'elles restent croquantes) et rafraîchir. Égoutter.

Laver les morilles. Faire suer les échalotes dans un peu de beurre. Ajouter les morilles. Mouiller au vin jaune. Assaisonner et couvrir. Laisser cuire 10 min. Égoutter et réserver.

Faire chauffer 2 dl de velouté de poissons et y ajouter la sauce américaine, le jus de cuisson des morilles, éventuellement l'exsudat de cuisson des langoustines au cognac et la crème. Rectifier l'assaisonnement puis mélanger le tout (Saint-Jacques, langoustines, morilles, asperges en réservant les pointes). Détacher le chapeau des feuilletés et les garnir.

Décorer à l'aide des pointes d'asperges. Repasser 3 min au four et servir.

# Dartois de Saint-Jacques façon bécasse aux truffes et brioche mousseline

Pour 4 personnes

12 noix de coquilles Saint-Jacques • 300 g de pâte à brioche (l'acheter toute prête auprès d'un boulanger ou suivre la recette ci-dessous) • 60 g de truffes • 2 œufs • 2 dl de consommé de crustacés • 3 feuilles de gélatine • huile d'olive • sel • poivre de Cayenne

**Pâte à brioche :** 5 g de levure de boulanger • 190 g de farine • 20 g de sucre semoule • 3 œufs entiers • 1 petite c. à café de sel fin • 150 g de beurre à température ambiante

*Ingrédients pour le consommé page suivante*

Préparer le consommé de crustacés à l'avance : faire revenir dans une grande casserole avec l'huile d'olive les carcasses de crustacés de votre choix que vous aurez préalablement concassées.

Ajouter la garniture aromatique : les carottes, le poireau et le fenouil, tous émincés, l'ail concassé. Faire suer une dizaine de minutes. Ajouter le vin blanc, le vinaigre, l'estragon haché ainsi que les épices. Mouiller à hauteur avec l'eau et assaisonner légèrement. Laisser cuire 1 h à 1 h 30 à feu doux.

Passer ensuite le bouillon à l'aide d'un chinois et laisser refroidir environ 1 h.

Fouetter les blancs d'œufs dans un saladier (sans les monter) et les incorporer dans le bouillon encore tiède. Mélanger et porter de nouveau à ébullition tout doucement. Les blancs ajoutés vont en quelque sorte emprisonner les impuretés du bouillon qui va devenir complètement limpide.

Passer ensuite avec beaucoup de précaution le consommé à travers un linge très fin.

Préparer la pâte à brioche à l'avance : émietter la levure dans un saladier. À l'aide d'une cuillère en bois, la mélanger avec la farine, le sucre et le sel. Incorporer ensuite les œufs l'un après l'autre.

Couper le beurre en petits morceaux et, lorsque la pâte se détache bien des parois du saladier, incorporer les morceaux de beurre un par un. Continuer à malaxer jusqu'à ce que la pâte se détache de nouveau. La mettre dans une terrine, couvrir de film alimentaire et la laisser doubler de volume pendant 3 h dans un endroit chaud (22 °C).

• • •

**Consommé de crustacés :** 1 kg de langoustines glacées ou 1 kg d'étrilles ou 1 kg de homard • 200 g de blancs d'œufs • 5 cl d'huile d'olive • coriandre • badiane • 1/2 botte d'estragon • 2 carottes • 5 cl de vinaigre blanc • 1 poireau • 50 cl de vin blanc • 8 gousses d'ail • 1/2 bulbe de fenouil

• • •

Ce temps écoulé, écraser la pâte avec le poing pour lui redonner son volume initial et chasser le gaz carbonique produit par la fermentation. La remettre dans la terrine, la couvrir de film alimentaire et la laisser de nouveau doubler de volume pendant 1 h au moins avant de l'écraser une seconde fois.

Préparer les dartois : préchauffer le four à 160 °C (th. 5-6). Étaler la pâte à brioche jusqu'à 3 cm d'épaisseur en formant un rectangle de 15 cm x 25 cm (ou mouler dans une terrine ou un plat rectangulaire à hauts rebords graissé avec un peu d'huile d'olive). Laisser lever la pâte (elle doit doubler de volume) puis la dorer à l'œuf à l'aide d'un pinceau et cuire au four pendant 15 à 20 min. Démouler. Laisser refroidir sur une grille.

Hacher très finement 6 noix de Saint-Jacques avec 1 œuf cru. Saler et poivrer. Y ajouter les pelures de la truffe. Puis, dans une poêle, former une galette qui aura la forme du moule qui vous servira au montage. Cuire à feu doux 5 min à couvert. Laisser refroidir.

Couper les 6 autres noix de Saint-Jacques en 8. Les passer 1 min à la vapeur (dans un couscoussier) et réserver.

Tailler la truffe en julienne. Ajouter au consommé les feuilles de gélatine ramollies à l'eau froide.

Montage : habiller le cercle, le rectangle Inox ou le moule à manquer avec 2 couches de film alimentaire afin d'éviter les fuites de consommé. Partager la brioche en 2. Poser la moitié au fond après l'avoir taillée et écroûtée à la mesure. Disposer la galette de Saint-Jacques sur le dessus puis les morceaux de noix de Saint-Jacques et la julienne de truffes. Recouvrir avec la 1/2 brioche restante. Verser le consommé par-dessus et laisser prendre au froid une nuit. Découper de belles tranches. Accompagner d'une salade d'endives.

# Orgue de foie gras et Saint-Jacques au pain brûlé

Pour 4 personnes

12 noix de coquilles Saint-Jacques • 1 pain très cuit voire recuit • 1 foie gras cru de 300 g environ • 100 g de mâche • sel de Guérande • poivre du moulin • 1 dl d'huile de noisette • 3 cl de vinaigre de truffes

Couper 4 belles tranches épaisses de pain. Les griller sur une surface. Réserver. Écroûter le reste du pain et mettre la croûte au four jusqu'à couleur brune. Retirer et écraser avec un rouleau à pâtisserie. Réserver.

Trancher le foie en fines lames de manière à les rouler comme des cigarettes. Les poser sur une feuille de papier sulfurisé et mettre au congélateur 1/2 h. Les dresser verticalement sur les tranches de pain.

Poêler les noix de Saint-Jacques tranchées en 2. Saupoudrer d'un peu de chapelure brûlée.

Poser la tartine de foie gras au centre de l'assiette. Parsemer le reste de chapelure autour et poser les noix de Saint-Jacques dessus. Tirer sur les noix de Saint-Jacques un trait d'huile de noisette.

Mettre quelques grains de fleur de sel et un tour de poivre du moulin sur le foie avec l'envoi.

Accompagner les assiettes d'une salade de mâche parfumée au vinaigre de truffes.

On trouvera l'huile de noisette et le vinaigre de truffes dans les rayons des épiceries fines.

# Pâté de Saint-Jacques et écrevisses en croûte

Pour 4 personnes

12 noix de coquilles Saint-Jacques • 500 g de pâte à foncer ou brisée • 16 écrevisses moyennes vivantes ou 100 g de queues d'écrevisses • 1 verre de lait • 4 tranches de pain de mie sans la croûte • 2 œufs • 1 c. à soupe de persil • 1 dl de consommé de crustacés • 3 feuilles de gélatine • sel • poivre de Cayenne

Préparer le consommé de crustacés à l'avance : faire revenir dans une grande casserole avec l'huile d'olive les carcasses de crustacés de votre choix que vous aurez préalablement concassés.

Ajouter la garniture aromatique à savoir : les carottes, le poireau et le fenouil, tous émincés, l'ail concassé. Faire suer une dizaine de minutes.

Ajouter le vin blanc, le vinaigre, l'estragon haché ainsi que les épices. Mouillez à hauteur avec l'eau et assaisonner légèrement. Laisser cuire 1 h à 1 h 30 à feu doux.

Passer ensuite le bouillon à l'aide d'un chinois et laisser refroidir environ 1 h.

Fouetter les blancs d'œufs dans un saladier (sans les monter) et les ajouter dans le bouillon encore tiède. Mélanger et porter de nouveau à ébullition tout doucement. Les blancs ajoutés vont en quelque sorte emprisonner les impuretés du bouillon qui va devenir complètement limpide.

Passer ensuite avec beaucoup de précaution le consommé à travers un linge très fin.

Préparer le pâté de Saint-Jacques et écrevisses en croûte : préchauffer le four à 170 °C (th. 5-6).

Châtrer les écrevisses : tordre la nageoire caudale et tirer délicatement afin de retirer le boyau intestinal. Jeter les écrevisses dans de l'eau bouillante et les faire cuire pendant 3 min.

Déposer une abaisse de pâte dans le moule à pâté qui aura été au préalable habillé d'une feuille de papier aluminium beurré. Faire tremper le pain de mie dans le lait tiède. Faire une pommade et ajouter 1 œuf entier, le persil.

**Sauce :** 1 jaune d'œuf • 1 c. à soupe de moutarde • 1 dl d'huile d'arachide • 1 c. à café de cognac • 1 c. à café de vinaigre de cidre • 1 c. à café de concentré de tomates • sel • poivre blanc

**Consommé de crustacés :** 1 kg de langoustines glacées ou 1 kg d'étrilles ou 1 kg de homard • 200 g de jaunes d'œuf • 5 cl d'huile d'olive • coriandre • badiane • 1/2 botte d'estragon • 2 carottes • 5 cl de vinaigre blanc • 1 poireau • 50 cl de vin blanc • 8 gousses d'ail • 1/2 bulbe de fenouil

Concasser grossièrement les noix de Saint-Jacques et les queues d'écrevisses. Les incorporer à la pommade persillée et rectifier l'assaisonnement.

Remplir le moule et recouvrir avec une deuxième bande de pâte. Chiqueter le tour et lustrer à l'œuf. Prendre soin de faire 2 trous sur le couvercle pour l'évaporation.

Cuire au four pendant 45 min environ (selon la grosseur de la terrine). Laisser ensuite refroidir 3 h au réfrigérateur.

Pendant ce temps, coller 1 dl de consommé de crustacés en ajoutant les feuilles de gélatine préalablement trempées dans l'eau froide. Après 3 h de réfrigération, couler le consommé par les trous du couvercle du pâté. Remettre 3 h au réfrigérateur.

Au bout de ce temps, démouler et ôter le papier d'aluminium. Vous pourrez trancher au couteau à scie.

Préparer la sauce comme une mayonnaise en mélangeant 1 jaune d'œuf, la moutarde, l'huile, le sel et le poivre. Terminer en ajoutant le cognac, le vinaigre et le concentré de tomates. Remuer énergiquement. Servir.

# Saint-Jacques au foie gras et chapelure de pain d'épices

Pour 4 personnes

12 noix de coquilles Saint-Jacques • 4 médaillons + 50 g de foie gras cuit • 1 beau poireau • 1 dl de bouillon de poule • 100 g de beurre • 5 cl de crème liquide • 2 dl de béchamel • 1 c. à café de cerfeuil • 3 tranches de pain d'épices • sel • poivre • muscade

**Béchamel :** 40 g de farine • 40 g de beurre • 1 l de lait • 1 pincée de muscade • sel • poivre

**Matériel :** 4 coquilles ou 4 cassolettes

Pour obtenir une chapelure de pain d'épices, briser les 3 tranches de pain d'épices. Les poser sur un plat et laisser sécher à four doux pendant 2 h 30. Laisser refroidir puis mixer ou écraser au rouleau à pâtisserie. Se conserve 15 jours dans un bocal fermé.

Faire suer le poireau coupé en dés dans le beurre. Mouiller avec le bouillon de volaille. Saler, poivrer et ajouter la muscade. Laisser cuire 5 min et égoutter. Garder la cuisson et la faire réduire de moitié.

Préparer une béchamel et en ajouter 2 dl à la cuisson avec les 50 g de foie gras et la crème. Mixer.

Couper les noix de Saint-Jacques en lames fines.

Dans le fond des coquilles, disposer le poireau, puis les noix de Saint-Jacques en marguerite et, au centre, le médaillon de foie gras.

Napper et border avec la chapelure de pain d'épices. Passer 10 min à four doux et servir.

# Crème brûlée au foie gras et Saint-Jacques

Pour 4 personnes

8 noix de coquilles Saint-Jacques • 3 œufs • 6 g de sel • 1 g de poivre et muscade • 25 cl de lait • 125 g de foie gras cru • 5 cl de porto • 25 g de sucre roux

**Matériel :** petits plats à œufs en porcelaine

Blanchir les noix de Saint-Jacques découpées en cubes, en les passant pendant 15 secondes dans l'eau bouillante. Égoutter.

Dans un mixeur, mettre les œufs, le foie gras, le lait, le porto et l'assaisonnement. Tourner 5 min et passer au chinois.

Répartir les dés de Saint-Jacques dans le fond des petits plats à œufs en porcelaine. Verser le liquide dessus et faire cuire à feu très doux 45 min à 80/90 °C (th. 2-3) en surveillant. Le dessus des crèmes doit rester lisse et non coloré. Retirer délicatement du four et laisser refroidir à la température de la pièce.

Saupoudrer de sucre roux. Essuyer les bords des plats et brûler sous le gril très rapidement.

Peut s'accompagner de 1 tranche de brioche grillée.

# Palet de Saint-Jacques au Guanaja

Pour 4 personnes

8 noix de coquilles Saint-Jacques • 100 g de beurre • 50 g de sucre • 1/4 de l de bouillon de légumes • 1/4 de l de fumet de poissons • 20 g de vinaigre blanc • 2 g de poivre de Séchuan • 2 fruits de la passion • 1 zeste de citron vert • 1 branche de thym citron • sel • poivre • 50 g de chocolat noir guanaja • feuille d'or (facultatif)

**Fumet de poissons :** 1 arête de sole avec tête • 1 tête de colin ou turbot • 1 verre de vin blanc sec • 1 l d'eau • 1 carotte • 1/2 poireau • 1 branche de céleri • 150 g de champignons de Paris • 1 bouquet garni • sel • poivre de Cayenne

Préparer le fumet de poissons à l'avance : émincer les légumes et les champignons. Les faire suer au beurre.

Ajouter le bouquet garni et les arêtes concassées. Faire suer pendant 10 min.

Ajouter le vin blanc et mouiller à hauteur avec l'eau. Faire cuire pendant 1 h.

Passer au chinois fin. Assaisonner et laisser refroidir.

Préparer les palets de Saint-Jacques au Guanaja : cuire 50 g de beurre avec le sucre jusqu'à légère coloration. Déglacer avec le vinaigre, fumet, bouillon de légumes. Ajouter le zeste de citron vert, thym, poivre de Séchuan. Porter à ébullition et faire réduire de moitié. Incorporer les noix de Saint-Jacques tranchées en 2 dans cette préparation. Les égoutter et réserver au froid.

Ajouter le reste de beurre dans la sauce et mixer. Passer à l'étamine. Ajouter la pulpe avec les graines des fruits de la passion.

Faire fondre le chocolat doucement. L'amener à 50 °C (th. 1-2). Sur une plaque à pâtisserie, poser une feuille de film alimentaire ou une feuille rotoïde empruntée à votre pâtissier. Verser le chocolat. Poser une deuxième feuille sur le chocolat et étaler à l'aide d'un rouleau à pâtisserie. À l'aide d'un cercle de 5 cm ou d'un verre, marquer les ronds de chocolat à travers le film et mettre le tout au réfrigérateur.

Montage : disposer 1 disque de chocolat puis 1/2 noix de Saint-Jacques, puis à nouveau 1 disque de chocolat. Sur ce dernier, poser un morceau de feuille d'or (facultatif). Dresser 3 préparations par assiette et ajouter un cordon de sauce.

# Carrés de Saint-Jacques au cacao rouge et parfum d'ailleurs

Pour 4 personnes

12 grosses noix de Saint-Jacques • 400 g de lait de coco (1 boîte) • 80 g de sucre semoule • 200 g de lait • 1 gousse de vanille fendue • 1/2 jus de citron vert • 1 bâton de citronnelle • 100 g de cacao rouge en poudre amer

Tailler chaque noix afin de lui donner une forme carrée. Réserver.

Dans une grande sauteuse, mettre le lait de coco, le sucre, le lait, la citronnelle, la gousse de vanille et le jus du 1/2 citron. Porter à ébullition. Éteindre. Jeter les cubes de noix de Saint-Jacques dans cette préparation et laisser refroidir.

Retirer ensuite les noix de Saint-Jacques, les égoutter, les éponger puis les rouler dans le cacao. Bonne dégustation…

# Conseils d'achat

Il existe plus 18 espèces de coquilles Saint-Jacques dans le monde. Sur les côtes de l'Atlantique et de la Manche, la pêche de la variété locale, *Pectens maximus,* est très réglementée. En France, la saison de pêche dure sept mois, d'octobre à avril. Il existe un label rouge : « la coquille Saint-Jacques de Normandie », homologué depuis octobre 2003, qui garantit des coquilles pêchées au maximum 36 heures avant la vente en criée.

Contrairement à une idée répandue, le corail nuit à la finesse des noix de Saint-Jacques. Il s'agit d'une glande génitale dont le développement est variable. En Normandie ou dans la rade de Brest, les coquilles Saint-Jacques sont coraillées en hiver. En baie de Saint-Brieuc, le corail se développe plutôt pendant l'été. Le corail est composé de deux parties : l'une d'un blanc ivoiré, l'autre d'un rouge orangé.

Si vous achetez des coquilles Saint-Jacques vivantes et entières, ce qui est la meilleure assurance de qualité, choisissez des coquilles bien lourdes et hermétiquement closes (ou se refermant au toucher), ce qui est une garantie de fraîcheur. L'étiquette de salubrité placée sur le panier doit vous permettre de contrôler la date de sortie de l'eau ainsi que la provenance. Vous pouvez les conserver vivantes entre 6 °C et 8 °C, mais il est préférable de les décoquiller très rapidement. Pensez aussi que plus vite vous les dégusterez, plus savoureuses elles seront.

Pour décoquiller les noix, il est préférable d'utiliser un couteau à lame souple. Tenez la coquille entre vos doigts, valve plate sur le dessus. Introduisez la lame dans l'interstice qui demeure ouvert à l'arrière de la coquille et relevez-la, comme un levier, de façon à séparer les deux valves. Une fois les deux valves désolidarisées, la coquille n'offre plus de résistance. Détachez d'abord la noix de la valve plate. Le muscle repose entièrement dans la partie concave : soulevez le manteau avec le couteau afin de pouvoir sectionner le nerf qui fait adhérer la noix à la coquille. Vous devrez ensuite supprimer le nerf, sans entamer la noix, en le décollant à l'aide d'un couteau (attention à ne pas arracher la chair qui est très fragile). Rincez ensuite rapidement la noix sous un filet d'eau froide.
Si vous achetez des noix décoquillées, choisissez-les d'aspect brillant et de belle couleur nacrée.
Il faut savoir que l'on peut vendre sous la dénomination Saint-Jacques des noix de pétoncle. Aussi est-il utile de vérifier le nom de l'espèce sur les emballages, en particulier si votre choix se porte sur des produits surgelés.

# Table des recettes

## RECETTES VOYAGEUSES



## RECETTES LUXUEUSES

# Index des ingrédients

# Shopping

Un grand merci pour la précieuse collaboration des boutiques, fabricants et show-rooms cités :

**Vaisselle**
107 rivoli – page 141, 147

Christian Tortu – page 61, 113

Driade-Kosmo – page 15, 27, 37, 43, 49, 67, 79, 105, 129, 139, 173

Haviland – page 29, 59, 75, 87, 121, 127, 167

Porcelaine Phillipe Deshoulières – page 35, 47, 65, 83, 101, 143, 155

Porcelaine Raynaud – page 39, 63, 69, 73, 97, 107, 117, 149, 137, 161, 163

Sentou–page 31, 131, 169, 177

Porcelaine Virebent – page 28, 41, 55, 89, 101, 107, 109, 123, 163, 165

**Verres**
Baccarat – page 59, 117

Zero one one – page 39, 83, 147

**Couverts**
107 rivoli – page 67, 123

Guy Degrenne – page 37, 69, 121, 167

Orfèvrerie Philippe Deshoulières – page 21, 35, 49, 83

Zero one one – page 15, 109, 123, 155

**Nappes, sets, serviettes et tissus**
Alexandre Turpault – page 19, 21, 27, 31, 37, 73, 75, 127, 131

CMO – page 15, 35, 37, 41, 61, 67, 89, 101, 117

Zero one one – page 43, 61, 109, 177

# Remerciements

L'accueil, l'ouverture, la joie, la fête, le partage, le travail de midi à minuit, sans peine.
Voilà ce que m'ont appris ces hommes en me donnant leur amitié.
Merci, Paul, Gaston, Georges, Pierre, Gérard, etc.
Je sais maintenant que la nuit, si on croise une hyène, il ne faut surtout pas courir.
Notre itinéraire est balisé de rencontres plus ou moins positives.
Chacune offre un apport que l'on ne mesure que beaucoup plus tard.
Le temps met alors en relief leur importance.
Ces hommes aiment leur métier, et je les comprends fort bien, étant donné ma naturelle gourmandise et ma curiosité.
C'est en pensant à eux que j'ai écrit ce livre.
MERCI pour le chemin bien éclairé.

Cet ouvrage a été réalisé d'après l'œuvre originale
*Mes 100 recettes de Saint-Jacques*,
de Jean-Pierre Crouzil,


**Couverture**

**Photographie : Jean-François Rivière**

**Stylisme : Lissa Streeter**

Édition :
Sophie Zagradsky/Chine

Conception graphique et réalisation :
Florence Cailly/Chine

Connectez-vous sur :
www.lamartinieregroupe.com


ISBN : 978-2-7324-4300-3


Achevé d'imprimer en août 2010
sur les presses de l'imprimerie Mame à tours
Dépôt légal : octobre 2010